Estudios y Tecnología del Futuro

Un Análisis de los Sistemas Inalámbricos en la Era del 6G

José Malaguera

Dedicatoria

"A Dios Todopoderoso, fuente de toda sabiduría y conocimiento, que ha guiado mis pasos en este viaje de exploración tecnológica. Que este libro sirva como testimonio de Tu infinita gracia y amor en cada avance que nos brindas para el bienestar de la humanidad."

Índice

Prólogo

Nos encontramos al borde de una nueva era, en el umbral de un nuevo amanecer digital en el que la innovación tecnológica no es solo un mero complemento, sino la auténtica brújula que señala el camino hacia un futuro de posibilidades extraordinarias. El horizonte revela la aparición de la tecnología 6G, la próxima revolución en las comunicaciones inalámbricas, que promete reconfigurar de forma radical nuestra interacción con el mundo digital y superar todas nuestras concepciones preexistentes de conectividad.

Aún en sus primeros pasos, la tecnología 6G ya está perfilándose para cambiar el curso de la historia de las comunicaciones inalámbricas, redefiniendo nuestra forma de relacionarnos con el mundo y con nosotros mismos. Este volumen de "Estudios y Tecnología del Futuro: Un Análisis de los Sistemas Inalámbricos en la Era del 6G" aspira a ser su compañero de viaje en esta travesía de descubrimiento hacia esta prometedora tecnología emergente, iluminando sus posibilidades para transformar todo, desde la atención médica y la educación hasta las formas de comunicación y la inteligencia artificial.

A lo largo de las páginas que siguen, desgranaremos juntos los complejos conceptos que encierra la tecnología 6G, sin olvidar su relevancia en el entramado social y económico de nuestra era. Revelaremos los avances que ya se están produciendo en laboratorios de todo el mundo y cómo estos pueden moldear nuestro futuro cercano. A través de una cuidadosa y meticulosa exploración de esta tecnología, pretendemos fomentar la comprensión y apreciación de su potencial, proporcionando un marco sólido para el diálogo y la reflexión sobre su impacto en nuestras vidas.

Le invitamos a sumergirse en este fascinante recorrido hacia el futuro, donde juntos descubriremos las promesas y desafíos que la tecnología 6G puede traer. Emprendamos este viaje juntos, preparándonos para navegar por las emocionantes aguas de la era digital que está por venir.

Para asimilar completamente la magnitud y el potencial transformador de la tecnología 6G, resulta imprescindible poseer una sólida comprensión de los fundamentos científicos y tecnológicos que sustentan su desarrollo. Así pues, el análisis en este volumen se basa en un pilar esencial: el estudio de referencia [1] titulado "6G and Beyond: The Future of Wireless Communications Systems", obra de Akyildiz I. F., Kak A, y Nie S.

Este trabajo es el fruto de la colaboración de líderes indiscutibles en el campo de las telecomunicaciones, cuyo esfuerzo se ha centrado en la investigación y desarrollo de tecnologías punteras. Su análisis exhaustivo y su visión premonitoria de las dificultades y oportunidades que el 6G entraña convierten a este estudio en una lectura insoslayable para todo aquel interesado en el futuro de las comunicaciones inalámbricas. Este estudio invaluable, de libre acceso y en formato PDF, puede ser descargado desde el portal IEEE a través del siguiente enlace:

https://ieeexplore.ieee.org/document/9145564.

Bajo la premisa de la licencia Creative Commons Attribution 4.0 License, instamos al lector a hacer la debida referencia a la publicación original al acceder a este caudal de conocimientos. Para una mayor comprensión de los términos de la licencia, puede visitar el siguiente enlace:

https://creativecommons.org/licenses/by/4.0/.

La comunicación inalámbrica evoluciona continuamente, reflejando las cambiantes demandas sociales. Actualmente, nos encontramos en la transición del 5G al 6G, trayendo consigo una serie de nuevas perspectivas y desafíos. Los Indicadores Clave de Desempeño, junto con las disciplinas científicas que los sustentan, se sitúan en el núcleo de esta transformación. La evolución hacia el 6G involucra el desarrollo y perfeccionamiento de diversas tecnologías claves que moldearán el futuro de la comunicación inalámbrica. A continuación, se describen brevemente algunas de estas tecnologías y sus desafíos asociados:

(i) Comunicaciones en la banda de los THz: Esta tecnología promete velocidades de transmisión sin precedentes, pero también enfrenta desafíos significativos. Uno de ellos es la fabricación avanzada de arreglos de antenas capaces de operar en esta banda. Además, se requieren protocolos de enrutamiento y coordinación especializados para manejar eficientemente la enorme capacidad de datos que estas bandas pueden ofrecer.

(ii) Entornos de comunicaciones inteligentes: Estos son sistemas que adaptan automáticamente sus operaciones para ofrecer la mejor experiencia al usuario. Aquí, es crucial equilibrar el consumo energético con la eficiencia del sistema, y esto se puede lograr mediante la optimización con Inteligencia Artificial (IA).

(iii) Inteligencia Artificial Omnipresente: La IA está destinada a desempeñar un papel fundamental en la gestión y operación de las redes 6G. Sin embargo, desarrollar algoritmos robustos y generalizables y garantizar la calidad y autenticidad de los datos utilizados para entrenar estos algoritmos será esencial.

(iv) Automatización de redes: La red del futuro deberá ser en gran parte autónoma, lo que significa que las decisiones sobre el tráfico, las asignaciones de recursos y las soluciones a problemas deben tomarse en tiempo real. Mejorar la telemetría y hacer deducciones rápidas y precisas será crucial en este contexto.

(v) Interfaces reconfigurables: Con el auge de dispositivos y sistemas heterogéneos, las interfaces que pueden reconfigurarse dinámicamente según las necesidades serán esenciales. Esto implica diseños novedosos y técnicas de integración avanzadas para garantizar la adaptabilidad y eficiencia.

(vi) Internet de las Cosas Espaciales: A medida que expandimos nuestra capacidad de comunicación más allá de la Tierra, mejorar las técnicas de enrutamiento y conmutación será esencial para mantener redes estables y eficientes en el espacio.

(vii) Comunicaciones cuánticas: Representan el futuro de la seguridad y capacidad de transmisión en las telecomunicaciones. Enfrentan el desafío de la corrección de errores cuánticos y la necesidad de implementaciones a gran escala que todavía sean prácticas y eficientes.

Estas tecnologías, junto con su interacción y convergencia, marcarán la transición hacia una era de comunicaciones 6G, prometiendo revolucionar no solo la industria de las telecomunicaciones, sino también cómo vivimos y trabajamos en nuestro mundo conectado.

Esta transición tecnológica promete revolucionar no solo nuestras redes de comunicación, sino también nuestra vida cotidiana. Desde las comunicaciones en terahertz hasta la inteligencia artificial, las oportunidades son vastas y desafiantes. Enfrentaremos obstáculos como la seguridad, la privacidad y la estandarización, pero con soluciones innovadoras, podremos superarlos. Podemos decir que estamos a la vanguardia de un despertar tecnológico con posibilidades ilimitadas. Las tecnologías emergentes tienen el potencial de reconfigurar completamente la forma cómo interactuamos con el mundo y entre nosotros. Esta transición de 5G a 6G será un hito en la evolución de nuestras comunicaciones futuras.

En este sentido, con el objetivo de motivar y estimular a nuestros lectores para que se involucren y participen activamente en la configuración de este emocionante futuro, esperamos que este libro le inspire a abrazar el potencial del 6G y a contribuir en la formación de nuestro mundo interconectado. Le damos la bienvenida a este viaje fascinante hacia el futuro de las comunicaciones inalámbricas. Prepare su mente para una exploración profunda, abroche su cinturón de seguridad y disfrute del recorrido. Nos encontramos en la cima de un nuevo mundo de posibilidades y nos complace tenerlo con nosotros en cada paso de esta extraordinaria travesía.

Introducción

En medio de un vertiginoso renacimiento tecnológico, la era digital actual está marcada por asombrosos avances que están redefiniendo los límites de la comunicación inalámbrica. Estos progresos revolucionarios, un verdadero testimonio de la innovación humana, están transformando la forma en que interactuamos con el mundo. Se han convertido en agentes catalizadores de cambio, impactando significativamente a todos, desde los proveedores de soluciones tecnológicas y los innovadores, hasta el usuario final más casual. Vivimos en un tiempo de constante descubrimiento y adaptación, en el que la tecnología es una herramienta fundamental que está reformulando nuestras vidas, nuestros trabajos y nuestra forma de concebir la realidad.

El impacto de los nuevos desarrollos es monumental, se hace evidente en todas las facetas de la sociedad, desde la economía global hasta nuestra vida diaria, transformando nuestra percepción de lo que es posible. Este libro pretende ser una invitación a un viaje detallado y enriquecedor a través de este apasionante y vanguardista campo de las telecomunicaciones móviles.En los capítulos venideros, exploraremos exhaustivamente el fascinante mundo de los sistemas de comunicación inalámbrica.

Desde las primeras generaciones hasta los logros más recientes de la tecnología 5G, cada avance será abordado con un análisis crítico y meticuloso. Pero no nos detendremos allí; proyectaremos nuestra mirada hacia el futuro, desvelando las promesas y desafíos de la emergente tecnología 6G, esa frontera en exploración que promete abrir nuevas dimensiones de comunicación y conectividad. Estamos en pleno auge de una revolución tecnológica, navegando por las olas de una era digital que continuamente nos maravilla con avances innovadores y revolucionarios en la comunicación inalámbrica.

Este crecimiento exponencial de la tecnología está reorganizando nuestra relación con el mundo y se manifiesta como un motor crucial de cambio que afecta a todos, desde los proveedores de servicios hasta los innovadores y a los usuarios más interesados en esta área de las comunicaciones.

Al sumergirnos en la era de la 6G, es esencial apreciar y entender su importancia en un espectro amplio de aplicaciones que requieren un alto grado de rendimiento y eficiencia. Este desafío supone ir más allá de lo que la tecnología 5G puede proporcionar actualmente. El panorama de los sistemas inalámbricos se ha desarrollado de forma constante y esperanzadora, con el 5G introduciendo avances significativos. Sin embargo, la visión de lo que la 6G podría aportar apunta a un potencial aún mayor, especialmente al explorar su aplicabilidad en diversos casos de uso.

Como testigos de un nuevo capítulo en la evolución tecnológica, la sexta generación de tecnologías inalámbricas, o 6G, se presenta como una poderosa herramienta con el potencial de transformar diferentes áreas, desde la atención médica hasta la agricultura. Las capacidades de esta tecnología para proporcionar velocidades más altas, latencia ultra baja y eficiencia energética significativamente mejorada van más allá de las mejoras graduales de las generaciones anteriores.

Con el afán incesante de mejorar y revolucionar la forma en que interactuamos con la tecnología, se han desarrollado numerosas innovaciones en ámbitos como la conectividad en el espacio, la infraestructura inteligente y las comunicaciones en la banda de frecuencia de los terahertz (THz). Estos desarrollos tienen implicaciones profundas y transversales en la forma en que se lleva a cabo la transferencia de datos, cómo interactuamos con el medio ambiente y cómo se planifica el futuro de las infraestructuras de telecomunicaciones. La promesa de la 6G y la exploración de bandas de frecuencia parcialmente inexploradas, como los THz, nos apuntan hacia un futuro lleno de posibilidades y desafíos. La transición a la banda de frecuencia de los terahercios (THz) en las comunicaciones inalámbricas simboliza una nueva frontera en la tecnología de las telecomunicaciones.

La demanda de una mayor capacidad de transmisión de datos, menor ruido de fase y una mejor sensibilidad en los receptores impulsa esta transición. En este libro, examinaremos detalladamente los tres enfoques de propuestas de dispositivos en la banda de los THz: la fotónica, la electrónica y la exploración de nuevos materiales con potencial de aplicabilidad en este rango de frecuencia.

Las comunicaciones en la banda de los terahercios (THz) representan un horizonte emergente y prometedor en el campo de las telecomunicaciones. Sin embargo, la ruta hacia su implementación eficiente está llena de desafíos críticos, desde la sincronización en el diseño del receptor hasta la implementación de esquemas de control de acceso al medio de propagación. A lo largo de este análisis, revisaremos con más detalle cada uno de estos planteamientos y las soluciones innovadoras que se han propuesto para superarlos.

En un mundo donde las tecnologías digitales son cada vez más esenciales, las redes inalámbricas 6G prometen una conectividad de próxima generación. Sin embargo, su desarrollo también plantea serias dificultades en términos de seguridad de los datos y privacidad del usuario. Este libro analiza los aspectos de seguridad de la capa física en las redes inalámbricas 6G, tratando algunos aspectos sobre las vulnerabilidades presentes en las técnicas actuales y las propuestas de mejora en la seguridad.

Cabe señalar que la Inteligencia Artificial (AI) ha irrumpido en múltiples campos de estudio y aplicación, donde las redes de comunicaciones y la gestión de estas no son la excepción. La adopción masiva del Internet de las Cosas (IoT) ha multiplicado la demanda de aplicaciones de baja potencia y largo alcance. La tecnología de retrodispersión ha surgido como una prometedora solución a esta demanda, debido a su capacidad para transmitir información modulando y reflejando las señales de radiofrecuencia existentes, en lugar de generar nuevas señales. En este texto se discuten algunas de las ventajas y obstáculos de la tecnología de retrodispersión y su aplicabilidad al Internet de las Cosas, así como los últimos avances y tendencias en este campo. Se exploran soluciones a los problemas inherentes a la retrodispersión, como la auto-interferencia y las limitaciones de alcance, y se presenta una visión de cómo estas tecnologías pueden abrir el camino para la adopción masiva del IoT en la era del 6G.

Con la llegada de la sexta generación de tecnología inalámbrica, o 6G, surgen tanto promesas como desafíos. Como medio de transporte de la Internet de las Cosas (IoT), la 6G ofrecerá una mayor capacidad y eficiencia energética, así como una reducción de la latencia. Sin embargo, la transición a la era del 6G requerirá la superación de variados obstáculos técnicos, incluyendo la optimización de la eficiencia espectral, la mejora de la calidad de servicio (QoS), la seguridad de las redes y la minimización del consumo de energía. En este texto, se examinan con más detalle estas cuestiones, así como los avances tecnológicos que prometen superar estas limitantes tecnológicas.

A través de un análisis detallado, se proporciona una visión completa de cómo los desarrollos actuales en tecnología inalámbrica están moldeando el futuro de las redes 6G y de la IoT. Las tecnologías de Inteligencia Artificial (AI) y Aprendizaje Automático (ML) se están integrando cada vez más en el campo de las telecomunicaciones.

Esta integración promete grandes avances en la eficiencia y capacidad de las redes de comunicación. Sin embargo, la implementación de inteligencia artificial AI y aprendizaje automático ML, en las redes de telecomunicaciones también presenta retos importantes. Entre estos desafíos se incluyen las dificultades inherentes a la gestión de grandes volúmenes de datos, la necesidad de proteger la privacidad y seguridad de los datos, y la optimización de la asignación de recursos. Este texto sondea el estudio de estas cuestiones, ofreciendo una visión detallada de los beneficios y retos asociados a la integración de inteligencia artificial AI y al aprendizaje automático ML en las telecomunicaciones, presentando una serie de soluciones y recomendaciones para superar estos obstáculos.

En el apasionante e imparable avance de las comunicaciones inalámbricas, se nos presentan continuos contratiempos que despiertan nuestra innata capacidad para innovar y adaptarnos. En este libro, abordaremos con profundidad el futuro de dichas comunicaciones, prestando especial atención a la pujante tecnología 6G.

Con la transición de la 5G a la 6G ya en marcha, nos encontramos ante una revolución que viene impulsada por las necesidades sociales en constante cambio, así como por la aparición de numerosos y variados casos de uso. Con la 5G desplegándose a nivel mundial, este es el momento perfecto para reflexionar y trazar un camino hacia el futuro.

Nos adentraremos en los obstáculos que la tecnología de retrodispersión debe superar en la era del Internet de las Cosas (IoT), poniendo de relieve temas críticos como la eficiencia espectral y energética y el diseño de protocolos. Además, examinaremos el apasionante avance del Internet de las Cosas Espaciales (IoST), un campo de estudio en el que los satélites CubeSats y los drones UAVs juegan un papel fundamental para expandir las redes de comunicación más allá de los confines terrestres, todo ello con el objetivo de conseguir una cobertura global y una conectividad sin precedentes.

Analizaremos con cierto nivel cómo la creciente demanda de comunicaciones globales y confiables ha estimulado la exploración de nuevas tecnologías y sistemas, como el Subsistema de Comunicaciones Multibanda y el propio IoST. Además penetraremos en el apasionante mundo del Internet de las Nano Cosas (IoNT) y del Internet de las Bio Nano Cosas (IoBNT), donde describiremos los campos de la tecnología y la medicina con su capacidad de transformar la forma en que los dispositivos interactúan a escala nano.

Además, indagaremos con más detalle en las comunicaciones MIMO masivas y su evolución hacia un nuevo paradigma, se trata, de las comunicaciones MIMO masivas sin celda. Estas nuevas tecnologías buscan maximizar el rendimiento y la estabilidad de las redes inalámbricas, mientras minimizan la interferencia intercelda y la complejidad de la gestión de las estaciones base. Es significativo abordar las comunicaciones cuánticas, que se presentan como el siguiente paso en la evolución de las redes, preparándonos para la era post-6G. Con la aparición de la computación cuántica, seremos testigos de una transformación importante, capaz de materializar sistemas computacionalmente complejos y resolver problemas de optimización que superan con creces la capacidad de los métodos convencionales.

Al sumergirnos entonces en las profundidades de este estudio, nos equiparemos para atravesar los obstáculos técnicos, descubriremos los milagros de la ingeniería de vanguardia y construiremos una comprensión sólida del paisaje digital emergente. La tecnología 6G, con su promesa de cambiar radicalmente la forma en que nos conectamos e interactuamos, representa un horizonte excitante y trascendental en el campo de las telecomunicaciones. Con cada página de este libro, desentrañaremos los misterios de esta innovadora red, desvelaremos sus secretos y aprenderemos cómo navegar por este territorio desconocido.

Al final de este recorrido, nos encontraremos con una mayor comprensión de las barreras técnicas que tenemos por delante, pero también de las inmensas posibilidades que se presentan ante nosotros. Los obstáculos a los que nos enfrentamos son significativos, pero también lo son las oportunidades. Con el avance imparable de las tecnologías de comunicación, se nos presenta una nueva era, llena de promesas y potencial, que nos invita a embarcarnos en un viaje apasionante hacia el futuro.

A través de esta obra, aspiramos ofrecer a los lectores un análisis profundo y accesible de los avances más recientes en investigación y desarrollo en comunicaciones inalámbricas 6G. Sin embargo, animamos encarecidamente a los lectores a profundizar aún más en este tema apasionante. Este acercamiento les permitirá adquirir una visión más completa y detallada de este campo en constante y rápida evolución. Este libro es su boleto a esa travesía. "Estudios y Tecnología del Futuro: Un Análisis de los Sistemas Inalámbricos en la Era del 6G" es más que un libro sobre tecnología 6G. Se trata de una expedición a un futuro inexplorado. Es una invitación para emprender un recorrido a través de las últimas innovaciones y las visiones futuristas en el horizonte.

Por último, al aventurarnos en este viaje, invitamos a nuestros lectores a abrazar el espíritu de curiosidad y exploración. Cada capítulo de este libro es un paso hacia el futuro, y cada concepto y tecnología discutida aquí es un componente vital de la infraestructura digital que está cambiando nuestro mundo. Así que lea, explore y aprenda con nosotros mientras nos adentramos en el emocionante mundo de la tecnología 6G. ¡Esperamos que disfrute de esta travesía tanto como nosotros lo hicimos al elaborarlo!

Capítulo 1

Innovando hacia un futuro 6G:

Nuevo horizonte en las telecomunicaciones.

La revolución tecnológica 6G está en el horizonte, dispuesta a realizar el sueño de un mundo completamente conectado y proporcionar conectividad inalámbrica ubicua y omnipresente para todos. La necesidad de soluciones transformadoras para acomodar un número creciente de dispositivos y servicios inteligentes es cada vez más apremiante.

En este contexto, algunos de los avances tecnológicos clave que se espera impulsarán la conectividad en el marco de la 6G incluyen: (i) Desarrollo de una red que opere en la banda de los THz con recursos de espectro mucho más amplios. (ii) Diseño de entornos de comunicación inteligentes que permitan un medio de propagación inalámbrica con transmisión y recepción de señales activas. (iii) Adopción ubicua de la inteligencia artificial. (iv) Implementación de la automatización de las redes a gran escala. (v) Establecimiento de un front-end reconfigurable en todo el espectro para acceso dinámico a todo el rango de frecuencias disponible. (vi) Uso de comunicaciones de retrodispersión ambiental para ahorro de energía. (vii) Aplicación del Internet de las Cosas Espaciales habilitado por CubeSats y drones, UAVs. (viii) Desarrollo de enlaces entre redes para comunicación masiva MIMO, sin el despliegue de celdas.

La importancia de la 6G se pone de manifiesto al abordar sus aplicaciones facilitadoras y avances recientes, así como los desafíos que aún persisten y las soluciones potenciales para estos. Para vislumbrar el futuro de la 6G, es imprescindible profundizar en el estudio de tecnologías emergentes como el Internet de las Nano Cosas, el Internet de las Bio Nano Cosas y las comunicaciones cuánticas. Se prevé que estas tendrán un impacto de largo alcance en las comunicaciones inalámbricas.

Los sistemas de comunicación inalámbrica han experimentado un avance significativo en los últimos años. Este progreso ha beneficiado a una amplia gama de actores, desde proveedores de soluciones comerciales hasta grupos de investigación académica, entidades de estándares y usuarios finales. Los recientes avances en la 5G han impulsado cambios radicales en la forma en que se conceptualizan y operan las redes, y han abierto las puertas a nuevas aplicaciones y servicios.

Sin embargo, conforme las necesidades de la sociedad evolucionan, también lo hacen las demandas que se le imponen a la tecnología 5G, actual. Muchos de los casos de uso emergentes, incluyendo la telecomunicación holográfica y la transición hacia la Industria X.0, plantean desafíos que la 5G no puede satisfacer por sí misma. Como resultado, los esfuerzos de investigación se han centrado en superar estos obstáculos. Las comunicaciones en la banda de los terahercios, las superficies y entornos inteligentes y la automatización de redes se perfilan como algunas de las claves para el futuro de las comunicaciones inalámbricas.

De igual manera, para este fin, una creciente cantidad de exigencias sociales y avances tecnológicos que sirven para satisfacer necesidades se convierten en los impulsores claves para dar un salto generacional que supere los sistemas inalámbricos existentes. En conjunto, estos factores presentan un importante argumento para un discurso centrado en la próxima frontera de las comunicaciones inalámbricas, es decir, los sistemas 6G.

Por lo tanto, se visualiza que 6G no sólo permitirá una red inalámbrica terrestre de manera omnipresente, inteligente, confiable, escalable y segura, sino que también incorporará comunicaciones espaciales para formar una red inalámbrica omnipresente, de acuerdo con la necesidad de verdadera ubicuidad inalámbrica. Para enfocarnos en este punto, por estas razones es determinante afinar la visión para el futuro de las comunicaciones inalámbricas, destacando los casos de uso emergentes y desarrollando las tecnologías claves que son esenciales para la realización de la 6G.

En relación con la introducción formal de los indicadores claves de rendimiento 6G (KPIs, key performance indicators) que se esperan guíen el diseño de los sistemas 6G, el Sector de la Normalización de las Telecomunicaciones de la UIT (ITU-T) trabaja en un conjunto de recomendaciones oficiales para controlar estos indicadores KPI, y valores tentativos ya han aparecido recientemente en el dominio público. Estos KPI sirven como referencias fundamentales para evaluar el rendimiento del sistema 6G. Particularmente, se identifican las siguientes clases de KPIs:

La Capacidad del Sistema: Esta clase de KPI se ocupa principalmente de indicadores que están asociadas con el rendimiento del sistema. En esta clase se encuentran variables como la velocidad máxima de transmisión de datos, la velocidad de transmisión de datos experimentada, la eficiencia espectral máxima, la eficiencia espectral experimentada, el ancho de banda máximo del canal, la capacidad de tráfico del área y la densidad de conexión. En este contexto, la velocidad de transmisión de datos experimentada y los valores de eficiencia espectral se refieren a los valores que deberían garantizarse al 95% de todas las ubicaciones de los usuarios.

La Latencia del Sistema: Esta clase de KPI incluye el tiempo de latencia de extremo a extremo, junto con las Fluctuaciones que producen retraso. Este tipo de fluctuaciones es un nuevo KPI para la 6G que cuantifica las variaciones que experimenta la latencia en el sistema, y está ausente en la tecnología 5G.

La Gestión del Sistema: Esta clase de KPI se ocupa principalmente de mediciones relacionadas con la gestión, organización y control de las redes, como la eficiencia energética, la fiabilidad y la movilidad. Es importante señalar que, mientras que 5G no especifica un KPI concreto para la determinación de la eficiencia energética, 6G introduce la búsqueda de una eficiencia energética de 1 Tb/J.

Conviene sin embargo advertir que para lograr los indicadores KPI se requiere de avances revolucionarios en todos los dominios de las comunicaciones inalámbricas. En este sentido, se identifican una serie de impulsores principales. Entre los cuales se cuenta en primer lugar con los nuevos paradigmas de uso del espectro y diseño de radio. Mientras que en 5G se asegura la adopción generalizada del espectro de las ondas milimétricas, mmWave, además de la necesidad de mayores velocidades de transmisión de datos y, en consecuencia de mayores anchos de banda del canal, dentro de la 6G se requerirá la incorporación del espectro en los terahercios (THz) y en los sub-THz. Como consecuencia, se reconoce que la apertura de nuevas bandas de espectro también requerirá diseños de sistemas de radio frecuencias novedosos que puedan percibirse y comunicarse simultáneamente a todo lo ancho del espectro Electromagnético.

Por otra parte, es necesario diseñar e implementar nuevas arquitecturas de red, dado que, la arquitectura convencional basada en celdas de las redes inalámbricas no puede escalar para satisfacer la capacidad de tráfico del área y las exigencias de densidad de conexión propuesta por 6 G. De este modo, 6G necesitará incorporar una nueva infraestructura de comunicaciones en la misma estructura del entorno.

Por otro lado, se considera un incremento del uso de la Inteligencia Artificial y la Automatización. Esto será inevitablemente de esta manera, porque los estrictos requisitos de eficiencia espectral, fiabilidad y latencia asociados con 6G implican que la configuración manual de la red ya no será posible. En este sentido, la inteligencia artificial y la automatización de la red ocuparán el centro del escenario, ayudando a construir una red cada vez más autónoma.

Además, se debe abordar la mejora de la Cobertura de la Red alejándose del Dominio Terrestre. Para lograr una verdadera ubicuidad inalámbrica, 6G necesitará expandirse superando el uso solo de las redes terrestres, incorporando tanto la conectividad cercana a la Tierra como la de espacio profundo.

En este contexto, el conocimiento acumulado con la continua evolución de los sistemas 5G ha servido como telón de fondo para los casos de uso y aplicación que serán mejor atendidos por la tecnología 6G. Precisamente, la 5G introdujo por primera vez casos de uso específicos de banda ancha móvil mejorada (eMBB - enhanced mobile broadband), comunicación de baja latencia y ultra confiable (URLLC- ultra-reliable lowlatency communication), y comunicaciones masivas de tipo máquina (mMTC - massive machine type communications), destinadas a servir a una amplia variedad de aplicaciones. Sin embargo, existe una gran cantidad de aplicaciones para las cuales los indicadores claves de rendimiento 5G (KPIs, key performance indicators) no son lo suficientemente estrictos.

Cabe señalar que a medida que se llega a entender los compromisos de rendimiento en términos de eficiencia, latencia, cobertura, ahorro energético y fiabilidad, asociados con los sistemas 5G, se pueden posicionar mejor las aplicaciones que se beneficiarían más de 6G. Es por lo tanto muy importante el estudio de una variedad de casos de uso críticos que vienen siendo investigados para la tecnología 6G. Entre los que cuentan: La atención médica remota, ambientes inteligentes, vehículos autónomos, conectividad espacial, la infraestructura inteligente, drones UAV, la teletransportación holográfica, la agricultura de alta precisión, la automatización industrial, entre otros.

Ahora bien, aunque la realidad virtual (VR - virtual reality) y la realidad aumentada (AR - augmented reality) se han beneficiado enormemente de la tecnología Banda ancha móvil mejorada, eMBB (Enhanced Mobile Broadband) y de la Comunicación ultra confiable de baja latencia, URLLC (Ultra-Reliable Low-Latency Communication) introducidos como parte de la 5G, existen muchas aplicaciones como, la atención médica avanzada, que incluye el diagnóstico y la cirugía remota, la detección de alta resolución para exploración remota y las videoconferencias entre personas casi reales, que no pueden ser atendidas adecuadamente por una combinación de AR y VR. En este sentido, la teletransportación holográfica se ha reconocido como el sucesor natural de las soluciones basadas en AR y VR.

A diferencia de las soluciones existentes, la teletransportación holográfica opera en un verdadero espacio tridimensional y aprovecha todos los cinco sentidos, vista, audición, tacto, olfato y gusto, para proporcionar una experiencia verdaderamente inmersiva. Al mismo tiempo, cabe señalar que la teletransportación holográfica requiere velocidades de transmisión de datos cercanas a los 5 Tbps y una latencia de extremo a extremo de menos de 1 ms, ambas imposibles de alcanzar con los sistemas 5G. Por lo tanto, 6G, con su rendimiento esperado a nivel de los Tbps y latencias de sub-milisegundos, desempeñará un papel vital en la construcción sobre la base establecida por las tecnologías eMBB y URLLC.

En primer lugar, el éxito de las soluciones de atención médica remota depende principalmente tanto de la calidad como de la disponibilidad de conexiones de baja latencia. Con respecto a la calidad, es importante destacar que a través del uso de tecnologías impulsoras y facilitadoras claves como las comunicaciones en la banda de los THz (Terahertz), así como soluciones de automatización de red, 6G inaugurará la más alta calidad de comunicaciones inalámbricas centrada en una eficiencia muy alta complementado con una latencia ultra baja. En cuanto a la disponibilidad, el Internet de las cosas espaciales desempeñará un papel vital en proporcionar conectividad omnipresente, mejorando así la disponibilidad de soluciones de atención médica rural.

Por otro lado, los vehículos autónomos y los drones, o Vehículos aéreos no tripulados UAV (Unmanned Aerial Vehicles) son algunos de los sistemas ciberfísicos más brillantes que existen hoy en día. La operación de estos sistemas autónomos se caracteriza por el intercambio de grandes cantidades de datos entre los nodos constituyentes de la red. Por lo tanto, además de proporcionar una latencia en los sub-milisegundos y una muy alta fiabilidad, la solución de conectividad que habilitan los sistemas ciberfísicos autónomos también debe ofrecer un funcionamiento extremadamente estable a muy altas velocidades, lo cual no es posible con los sistemas 5G existentes.

Además, durante los últimos años, la Industria 4.0 ha sido la fuerza impulsora detrás de la automatización industrial basada en los conceptos de optimización de la cadena de suministro, del equipamiento autónomo, de la fabricación aditiva por capas e impresión 3D, del análisis de datos y del Internet de las Cosas (IoT). Con este fin, se espera que el moderno piso industrial requiera una conectividad de alto rendimiento confiable con miles de dispositivos a menudo con tiempos de respuesta en los sub-milisegundos, convirtiéndolo en el caso de uso perfecto para la próxima frontera en las comunicaciones inalámbricas.

Igualmente, dentro del ámbito más amplio de la agricultura de precisión, las mediciones de humedad del suelo han sido un pilar en las decisiones de riego durante décadas. Al mismo tiempo, el acceso escalable y oportuno a dichos datos es un desafío importante debido a las brechas actuales presentes en la conectividad a redes rurales de control. Por lo tanto, se espera que 6G, con su enfoque en el acceso inalámbrico ubicuo, desempeñe un papel importante en mejorar la adopción de una tecnología de avanzada para apoyar la producción agrícola.

Las aplicaciones 6G aprovechan un extenso rango espectral, desde las radiofrecuencias que oscilan entre 10^5 y 10^8Hz hasta los rayos gamma con frecuencias en el rango de 10^{20} a 10^{21}Hz. Esta amplia gama de frecuencias incluye varios segmentos clave, tales como las microondas (10^8 a 10^{11}Hz) que engloban las ondas milimétricas cerca de los 10^{10}Hz, y se adentra en la región de los terahertz (10^{11} a 10^{13}Hz). En este rango, nos acercamos al espectro infrarrojo (10^{13} a 10^{15}Hz), seguido por el espectro visible alrededor de 10^{15}Hz, para luego expandirnos hacia los rayos ultravioleta (10^{15} a 10^{17}Hz), y finalmente, a los rayos X (10^{17} a 10^{20}Hz).

La región de los terahertz, en particular, se destaca por ofrecer cientos de gigahercios de recursos espectrales utilizable para enlaces de comunicación inalámbrica. Esta disponibilidad es crucial para la realización de transmisiones a alta velocidad en rangos de frecuencia altos, medios y cortos, así como para aplicaciones de interiores y de campo cercano. Es un terreno fértil para la exploración y el desarrollo de la tecnología 6G, desbloqueando capacidades de red sin precedentes que cambiarán el paradigma de las comunicaciones inalámbricas. Con la promesa de una latencia ultra baja y una capacidad de red masiva, la banda de terahertz se posiciona como un componente integral para definir el futuro de nuestras interacciones digitales.

Por otro lado, con toda esta capacidad espectral, podemos visualizar un escenario en el que la conectividad no solo se circunscribe a nuestro hogar, ciudad o país, sino que trasciende nuestra atmósfera y llega a las profundidades del espacio. Esta perspectiva, aún en sus primeras etapas de desarrollo dentro de la 5G, se expandirá a una diversidad de aplicaciones en la era 6G, influenciando campos tan variados como la astronomía por radiofrecuencia, la detección remota, la navegación aérea y, por supuesto, los enlaces troncales, o "backhaul".

Hay que pensar en los beneficios que la ubicuidad de la conectividad 6G puede proporcionar, considerando el seguimiento de la carga y descarga de celdas terrestres, el monitoreo ambiental y la coordinación de drones UAV de largo alcance. El Internet de las Cosas del Espacio, por tanto, no es solo un concepto futurista, sino una herramienta esencial para expandir el alcance de los sistemas 6G más allá de nuestro planeta.

A diferencia de la 5G y sistemas predecesores, donde el entorno de comunicación inalámbrica ha jugado un papel mayormente pasivo, la creciente demanda de datos requiere un cambio radical en nuestra interacción con las ondas electromagnéticas. La habilidad de controlar cómo interactúan con nuestro entorno, tanto interior como exterior, será un componente clave para el éxito de la 6G. Por lo tanto, la incorporación de entornos de comunicación inteligentes se considera fundamental para garantizar la ubicuidad y omnipresencia de la próxima generación de sistemas inalámbricos. En el horizonte se asoma una era en la que nuestros sueños más ambiciosos se convertirán en nuestra realidad cotidiana. Estamos al borde de un salto evolutivo en telecomunicaciones, el despegue hacia la era 6G.

El panorama de las telecomunicaciones se encuentra en la víspera de una transformación sin precedentes, una que rebasa los límites de nuestra actual concepción. El 6G no es simplemente un paso adelante, es un salto cuántico hacia un futuro donde la conectividad se entrelaza con cada fibra de nuestra existencia. En este horizonte inminente, cada desafío que enfrentamos hoy es una invitación a innovar, a soñar más allá de lo imaginable y a construir el futuro que merecemos. Las páginas que siguen nos adentrarán más en esta revolución; la 6G no es el final del camino, es el inicio de una odisea tecnológica. ¿Estás listo para embarcarte en este viaje?

Capítulo 2

Las Comunicaciones en Terahertz:

Nueva Frontera de la 6G.

A medida que nos adentramos en la era de la información y la digitalización, nuestros últimos años han sido testigos de un aumento dramático en el tráfico de datos inalámbricos. La causa de este crecimiento exponencial se atribuye a las fascinantes evoluciones tecnológicas en el campo de las comunicaciones inalámbricas. La demanda no solo se ha centrado en un mayor volumen de datos, sino también en la velocidad de transmisión y en una cobertura cada vez más amplia. Entre las diversas tendencias que se están delineando en el horizonte, se espera que las comunicaciones en la banda de los terahertz (THz), que abarcan desde los 0.1 hasta los 10 THz, desempeñen un papel crucial en las próximas generaciones de sistemas de comunicación móvil.

Las comunicaciones en la banda de los THz, impulsadas por la disponibilidad de recursos espectrales ultraanchos, tienen el potencial de proporcionar enlaces de transmisión de terabits por segundo (Tbps). Estos enlaces de alta velocidad pueden permitir una variedad de aplicaciones, desde la transferencia de datos a granel ultrarrápida entre dispositivos cercanos en redes personales y de área local inalámbrica, hasta videoconferencias de alta definición en dispositivos móviles que operan en celdas celulares pequeñas.

Recientemente, algunos países han empezado a liberar bandas de frecuencia superiores a 95 GHz para fines de investigación y desarrollo.

Aunque los operadores de telefonía móvil han comenzado a adoptar frecuencias de onda milimétrica para sus servicios 5G con la intención de alcanzar velocidades de transmisión de hasta 100 Gbps, las pruebas hasta ahora han mostrado una realidad más modesta, con velocidades máximas en torno a 1 Gbps.

Esta disparidad entre las metas propuestas y las velocidades de transmisión prácticas puede atribuirse a una variedad de factores, que se refieren a la complejidad de los canales de comunicación, imperfecciones en el diseño de los circuitos, e interferencias de otros sistemas operando en bandas de frecuencia adyacentes.

No obstante, las bandas de frecuencia en los THz, a pesar de su uso en la detección de imágenes y objetos y en la espectroscopía de radiación de frecuencia de los THz para la investigación astronómica, aún se encuentran en una fase exploratoria en cuanto a su aplicación en las comunicaciones inalámbricas. Situadas entre el espectro de ondas milimétricas y el espectro de luz infrarroja, las bandas de frecuencia de los THz, con su abundante recurso espectral, se consideraban antes como una "tierra de nadie".

Sin embargo, el notable progreso en el diseño de transceptores y antenas ha convertido los enlaces en el rango de los THz en una opción prometedora para futuras redes de comunicación de interiores. Más aún, recientes avances han permitido la realización de redes inalámbricas integradas dentro de los chips (WNoC - wireless network on chip) utilizando bandas de frecuencia en los THz.

Como consecuencia, Las bandas de frecuencia de los THz, antes inexploradas en comunicaciones, están ganando interés gracias a avances en transceptores y redes inalámbricas integradas en chips, lo que sugiere un futuro prometedor para las comunicaciones en interiores en esta gama de frecuencia. Nos encontramos al borde de un despertar tecnológico, donde los terahertz prometen ser el puente hacia capacidades de comunicación antes inimaginables. El vasto y virgen espectro de los THz, unido a las últimas innovaciones, está listo para marcar un antes y un después en la historia de las telecomunicaciones. Pero, ¿qué nos depara realmente este nuevo amanecer? Continúa con nosotros y descubre lo que el futuro de los terahertz tiene reservado.

2.1. Transformando la Conectividad:

Los THz y sus Aplicaciones en la 6G.

Las comunicaciones inalámbricas en la banda de los terahertz (THz) marcan un punto de inflexión en el campo de las telecomunicaciones, abriendo puertas a múltiples escenarios de aplicación no convencionales. Esta singularidad se debe a las características electromagnéticas y fotónicas particulares de esta banda de frecuencia extremadamente alta. Por supuesto, ya se ha hablado de las prometedoras velocidades en terabits por segundo (Tbps) en sistemas de celdas celulares, pero el espectro de la banda de frecuencia de los THz también alberga potencial para otras aplicaciones que trascienden este uso.

Imaginemos, por ejemplo, las Redes de Área Local. Dentro de un rango de diez metros, se vuelven factibles varias ventanas espectrales para enlaces de corto alcance, que incluyen frecuencias en los rangos de 625 a 725 GHz y de 780 a 910 GHz. En este contexto, las comunicaciones en la banda de frecuencia de los THz podrían formar el puente que conecta el espectro de THz al óptico, permitiendo una transición sin latencia entre los enlaces de fibra óptica y los enlaces de la banda de los THz.

Pasemos a las Redes de Área Personal. Aquí, las comunicaciones en la banda de frecuencia de los THz pueden ofrecer una velocidad de transmisión de datos similar a la fibra óptica, pero sin la necesidad de cables y para distancias de solo unos pocos metros. Este tipo de comunicación es ideal para entornos como oficinas interiores y kioscos multimedia, donde la conectividad rápida y fluida es esencial.

Consideremos luego las Redes de Centros de Procesamiento de Datos. Los centros de datos tradicionales dependen de cables para gestionar y mantener la conectividad en redes, lo que resulta en costos elevados de instalación y reconfiguración. Sin embargo, los enlaces en los THz ofrecen perspectivas prometedoras para una conectividad ininterrumpida a velocidades ultra altas en redes fijas, con la capacidad de adaptabilidad para la reconfiguración del hardware.

Ahora, veamos las Redes Inalámbricas dentro de los Chips. La tendencia actual en el desarrollo de hardware de transceptores está orientada hacia una mayor integración y miniaturización, así como la reducción de peso. En este contexto, los enlaces en la banda de los THz se perfilan como una tecnología prometedora para establecer conexiones inalámbricas entre diferentes módulos dentro del chasis de los transceptores, reemplazando las conexiones cableadas comúnmente encontradas en los productos de hardware de transceptores actuales.

Avancemos un paso más y exploremos las Nanoredes. A medida que su longitud de onda disminuye hasta el rango de los nanómetros (10^{-9} m), la banda de frecuencia en los THz se convierte en una opción superior para las nanoredes. En este ámbito, una nanored es un conjunto de nanodispositivos o nanomáquinas interconectadas para el intercambio de información, almacenamiento y cómputo.

Finalmente, pensemos en las Comunicaciones Intersatélites. Dado que se encuentran mayoritariamente fuera de la atmósfera terrestre, estos enlaces no están limitados por la atenuación atmosférica, lo que convierte a la banda de frecuencia operando en los THz en una tecnología favorable para tales enlaces de comunicación. A diferencia de los enlaces ópticos ampliamente utilizados, la banda de frecuencia de los THz no impone requisitos estrictos en la alineación del haz, lo que puede ayudar a mantener un alto nivel de estabilidad de los enlaces a medida que los satélites se desvían de sus órbitas. Nos hallamos en la víspera de una revolución comunicativa, donde cada aplicación en THz redefine los límites de lo posible en telecomunicaciones. Desde los rincones más íntimos de nuestros dispositivos hasta la inmensidad del espacio exterior, los terahertz se alzan como heraldos de un futuro ultrarrápido y conectado. Prepárate, lector, porque lo que sigue desvelará cómo este espectro se convertirá en la auténtica arteria del mañana. Adelante, sumérgete en las profundidades de esta odisea tecnológica.

2.2. Los Avances en Transceptores de la Banda de los Terahertz:

Rompiendo los Límites de la Tecnología 6G.

En la búsqueda de alcanzar un rendimiento mejorado en las comunicaciones 6G, se hace evidente la necesidad de contar con transceptores de banda de Terahertz (THz) que posean mayor potencia de salida, menor ruido de fase y una mejorada sensibilidad de recepción. Estos requerimientos han propulsado adelantos significativos en el desarrollo de dispositivos correspondientes, dando lugar a algunas líneas de investigación principales, como por ejemplo, la generación de señales basada en fotónica, la generación electrónica y el uso de novedosos materiales.

El primer enfoque, basado en la fotónica, aprovecha las propiedades únicas de ciertos materiales semiconductores, particularmente los pertenecientes a los grupos III y V, de la tabla periódica. Estos, como el arseniuro de galio (GaAs) y el fosfuro de indio (InP), destacan por su alta movilidad de electrones, convirtiéndose en candidatos ideales para aplicaciones de alta frecuencia, por encima de los 100 GHz. Las técnicas basadas en fotónica generan pulsos temporales con ensanchamiento en el orden de los femtosegundos (10^{-15} s). En entornos interiores y utilizando la técnica del uso de fotodiodos con portadoras para un solo recorrido (UTC-PD - uni-traveling-carrier photodiode), se ha demostrado la posibilidad de alcanzar velocidades de transmisión de datos de hasta 50 Gbps operando a 300 GHz.

Los UTC-PD, y sus estructuras modificadas, se han establecido como soluciones efectivas para la fotomezcla. Estos dispositivos permiten una sintonización espectral más amplia y una construcción más simplificada en comparación con los generadores de pulsos láser, logrando la generación de señales en el rango de 300 GHz a 2,5 THz. Además, los diseños de UTC-PDs integrados con antenas de ranura han demostrado su superioridad en la generación de señales de THz en bandas de frecuencia de 350 a 850 GHz y de 900 GHz a 1.6 THz, en comparación con sus contrapartes integradas con antenas de lazo.

Además de los UTC-PD, para la generación de señales en el rango de THz, se pueden usar láseres de cascada cuántica (QCLs - quantum cascade lasers) y otros láseres de estado sólido. Sin embargo, estos dispositivos requieren refrigeración por helio líquido para su funcionamiento, lo que limita su uso en ambientes de espacio restringido, como las redes de área local. Por otro lado, las antenas fotoconductoras (PCAs - photoconductive antennas) se han utilizado tanto para la generación de señales de pulsos como de ondas continuas en la banda de los THz, demostrando un amplio espectro de hasta 4,5 THz con un rango dinámico que alcanza los 100 dB.

Una alternativa a la generación de señales en la banda de los THz basada en fotónica es la generación basada en electrónica, la cual se basa en la conversión de frecuencia utilizando multiplicadores que incluyen dobladores y triplicadores de frecuencia, así como osciladores de onda regresiva.

Cada uno de estos enfoques posee sus ventajas y desventajas. El diseño basado en fotónica se beneficia de una arquitectura de transceptor relativamente más sencilla y es adecuado para aplicaciones en interiores, mientras que el enfoque basado en electrónica es menos sensible a las condiciones ambientales, lo que lo hace más favorable para las operaciones al aire libre. Sin embargo, la fiabilidad de la conexión en la banda de frecuencia de los THz puede verse afectada por las partículas dispersas en el canal de transmisión, por lo que la estabilidad del enlace puede estar comprometida en algunos casos. Ante el vasto océano de posibilidades que nos brinda la banda de los terahertz, hemos navegado a través de mares de innovaciones y descubrimientos. Cada avance, ya sea fotónico o electrónico, es un faro que ilumina el camino hacia la próxima generación de comunicaciones. ¿Qué nos deparará el horizonte? Solo hay una manera de descubrirlo: adentrándonos aún más en este emocionante viaje tecnológico. Acompáñanos.

2.3. Explorando Materiales Avanzados:

Modelos en las Comunicaciones de los THz.

Avanzando en nuestra exploración de la comunicación 6G, más allá de los métodos convencionales para la generación de señales en la banda de los terahertz (THz), un nuevo mundo de oportunidades se está revelando a través del estudio de materiales emergentes. Dentro de estos, el grafeno, los nanotubos de carbono y las nanocintas de grafeno destacan como soluciones potenciales, gracias a su extremadamente alta movilidad de electrones, que está en el rango de 8000 a 10000 $cm^2/(Vs)$ a temperatura ambiente. Este valor eclipsa con creces a los semiconductores tradicionales, como el silicio y el arseniuro de galio (GaAs), cuyas movilidades de electrones son 1400 y 8500 $cm^2/(Vs)$ respectivamente. Esta característica sugiere que el rendimiento de los enlaces en la banda de THz podría aumentar hasta en un orden de magnitud mediante el uso de estos materiales emergentes.

Los dispositivos basados en grafeno son particularmente atractivos, dada su notable combinación de propiedades mecánicas, eléctricas y ópticas. Entre las innovaciones, figuran detectores de potencia que operan en rangos de 200 GHz y 600 GHz, así como arreglos de antenas plasmónicas y transceptores. La capacidad del grafeno para alcanzar niveles de eficiencia deseables en frecuencias superiores a 1 THz, marca el camino para la generación de señales en la próxima generación de comunicaciones.

En el desarrollo de comunicaciones inalámbricas en la banda de los THz, es imperativo modelar de forma precisa los canales de transmisión. Este modelado debe considerar tanto las propiedades intrínsecas del canal, como la atenuación atmosférica y las velocidades de absorción molecular, como los efectos de propagación, como son, la reflexión, la dispersión, y la difracción, que se producen cuando las ondas interactúan con los diferentes materiales del entorno.

Para mejorar la distancia de transmisión en la banda los THz, se ha propuesto el concepto de comunicaciones de entrada y salida múltiple ultramasivas (UM MIMO). Este enfoque utiliza arreglos de nanoantenas plasmónicas para mejorar drásticamente la intensidad de la señal, dirigiendo y concentrando tanto en espacio como en frecuencia, los haces electromagnéticos transmitidos.

Sin embargo, no todo son buenas noticias. La banda de los THz presenta un desafío significativo en términos de sincronización del receptor. La modulación basada en pulsos, permite el uso de detectores analógicos no coherentes de baja complejidad, como el detector de energía y el receptor de autocorrelación. Sin embargo, se necesita una arquitectura de receptor no coherente más avanzada para alcanzar un mejor rendimiento en términos de eficiencia y relación de error de símbolos.

La comunicación en la banda de los THz requiere una sincronización estable en frecuencia y un tiempo de comunicación multiportadoras para decodificar múltiples flujos de señales entrantes. Aunque se han desarrollado esquemas de sincronización basados en protocolos de control de acceso al medio, su rendimiento puede verse limitado por factores ambientales y espaciales. En conclusión, los desafíos son numerosos, pero el potencial para superarlos y abrir nuevas vías para las comunicaciones es enorme, y nos lleva a un paso más cerca de la revolución de la comunicación 6G.

En este entramado de innovación y desafíos, emergen los materiales avanzados como titanes dispuestos a redefinir las fronteras de lo posible. Como testigos del alba de esta era, nos encontramos en la intersección de lo conocido y lo desconocido, enfrentando obstáculos y abrazando oportunidades. ¿Qué secretos y soluciones nos aguardan más allá de este punto? Prepárate para sumergirte aún más en un viaje donde la ciencia, la tecnología y la ambición se entrelazan en una danza sin fin. Continuemos.

2.4. Elaboración de Nuevas Estrategias:

Mejorando la Comunicación en los Terahertz.

Abordando un enfoque novedoso y desafiante, las comunicaciones en la banda de los Terahertz (THz) representan una frontera intrigante y llena de oportunidades. Al explorar las posibilidades que ofrecen estas frecuencias, nos encontramos con nuevos desafíos y oportunidades. Una de estas cuestiones de relevancia es la ecualización, dada la peculiar naturaleza de ultra ancho de banda y la selectividad de frecuencia característica de las comunicaciones en la banda de los THz.

Se han propuesto diversas soluciones de ecualización para enfrentar estos desafíos, como la precodificación de Tomlinson-Harashima, técnicas de gestión para ondas interferidas en sistemas de reversión de tiempo, y algoritmos iterativos con retroalimentación suave adaptativa, específicamente diseñado para canales interiores. De manera notable, estos últimos algoritmos han demostrado ofrecer una alta eficiencia respecto a la velocidad de error de bits (BER).

Ahora bien, es esencial considerar que, además de los modelos de la capa física del canal, los esquemas de control de acceso al medio de transmisión (MAC) en las comunicaciones en la banda de frecuencia de los THz deben adaptarse para manejar ciertos aspectos únicos del espacio y espectro de transmisión. Estos aspectos incluyen enfrentar dificultades como la sensibilidad a la escucha indeseada y la atenuación causada por el bloqueo de la línea de vista, entre otros.

Los protocolos MAC diseñados para la banda espectral de los THz se basan en acuerdos de compromisos entre transceptores con flujos altamente direccionales. Estos flujos extremadamente precisos, aunque pueden brindar una mayor ganancia de radiación de potencia y extender la distancia de transmisión, también presentan el problema de la disminución del nivel de la señal recibida y una baja calidad de escucha cuando ocurre un desalineamiento.

Afortunadamente, los protocolos MAC también pueden afrontar los problemas de bloqueo de línea de vista, donde la potencia recibida de un dispositivo de usuario puede experimentar una atenuación elevada debido a una ubicación que bloquea la trayectoria de la línea de vista. En este aspecto, se ha demostrado que la atenuación introducida por el cuerpo humano puede ser muy alta, cercana a unos 20 dB operando por encima de los 60 GHz. Para mitigar este problema, se han propuesto el uso de esquemas con múltiples saltos, generando trayectorias alternativas y por ende, una estrategia viable para las bandas espectrales de microondas en las mmWave y en los THz.

Pero no solo los protocolos de comunicación presentan dificultades. El desarrollo de arreglos de antenas que operan en la banda de los THz es otro reto de relevancia. Aunque existen técnicas como la fotolitografía y la litografía de haz de electrones que pueden producir enlaces frontales con cientos de elementos de antena plasmónicos, la cobertura en relación al dominio angular puede ser limitada para estos haces electromagnéticos de flujos altamente direccionales.

Para superar este obstáculo, se han propuesto soluciones innovadoras, como es el "THzPrism", un enfoque que busca formar múltiples haces de flujos con ligeros desplazamientos de frecuencia, orientados en diferentes direcciones, manteniendo una buena cobertura en relación a la distancia. Estos avances, y muchos más en curso, continúan empujando los límites de lo que es posible en la comunicación en Terahertz, prometiendo un futuro donde el aprovechamiento de estas frecuencias sea una realidad cotidiana.

La odisea de los Terahertz se encuentra apenas en sus albores, y cada descubrimiento y solución propuesta es una chispa que enciende la imaginación y la esperanza de un mañana conectado como nunca antes. ¿Te atreves a adentrarte más en este fascinante viaje? La siguiente página aguarda.

2.5. La Carrera hacia la Mejora de las Comunicaciones en los THz:

Un Enfoque en el Diseño de Transceptores y en el Procesamiento de Señales.

A medida que nos aventuramos más profundo en la exploración de las comunicaciones en la banda de los Terahertz (THz), se hacen cada vez más evidentes ciertas cuestiones clave. De forma concurrente a la búsqueda de soluciones innovadoras en el diseño de antenas, nos encontramos ante barreras imponentes en lo que respecta a los esquemas de control y procesamiento de señales asociados con los diseños de transceptores en la banda de los THz.

Por una parte, se requiere el desarrollo de algoritmos de control en tiempo real, finamente ajustados para manejar las peculiaridades de esta nueva frontera. Por otro lado, se necesitan protocolos de comunicación robustos y eficientes para la coordinación entre el transmisor, el receptor y los arreglos reflectores. Soluciones notables en este sentido son los sistemas desarrollados en el rango de ondas milimétricas (mmWave), asistidos por arreglos reflectores inteligentes compatibles con el estándar IEEE 802.11ad.

En el diseño de estos arreglos reflectores y en su integración en estrategias de despliegue, se han desarrollado protocolos de búsqueda de los haces de flujo electromagnético a lo largo de múltiples trayectorias.

En este tipo de esquema, los arreglos reflectores coordinan con el transmisor a través de un canal de control de 2.4 GHz. Estos enfoques facilitan la identificación de los sectores óptimos para la transmisión y reflexión conjunta, permitiendo maximizar la señal en el receptor.

Pero aún con estas innovaciones, persiste una barrera crucial, se trata de la necesidad de capturar y aprovechar las funcionalidades extendidas de los arreglos reflectores plasmónicos. Dado que, cuando se utilizan haces de flujo electromagnéticos altamente direccionales en transceptores móviles, se presenta una dificultad relevante con respecto a la visión de campo limitada de este tipo de arreglo de antenas. Cada transceptor debe localizar el próximo salto y estar en capacidad de poder reenviar sus datos de manera eficiente. Por tanto, se requieren soluciones de enrutamiento innovadoras para las comunicaciones en la banda de los THz, que permitan identificar y establecer enlaces de manera eficaz.

En este sentido, se han logrado avances significativos en la generación de enlaces en la banda de frecuencia de los THz. Al utilizar antenas de onda de fuga (leaky-wave antennas), es posible detectar información con incidencia angular proveniente de los usuarios. Estas soluciones y otras que están por venir, prometen llevar las comunicaciones en la banda de los THz a nuevos niveles de eficiencia y capacidad, abriendo aún más esta nueva frontera de la comunicación.

A medida que las comunicaciones en la banda de los Terahertz (THz) avanzan, se hacen evidentes limitaciones clave en el diseño de transceptores y en el procesamiento de señales. Mientras se exploran soluciones innovadoras en el diseño de antenas, la coordinación y el control en tiempo real se convierten en aspectos cruciales. En este punto, la integración de arreglos reflectores inteligentes y el desarrollo de protocolos de búsqueda de haces electromagnéticos ofrecen soluciones prometedoras. Sin embargo, persisten dificultades en lo que se refiere a la limitada visión de campo electromagnético de los arreglos reflectores plasmónicos y a la necesidad de enrutamiento eficiente en la banda de los THz. A medida que se abordan estos desafíos y se aprovechan las últimas innovaciones, se vislumbra un vibrante futuro para las comunicaciones en esta banda, que invita a explorar más a fondo este terreno en investigación de las telecomunicaciones.

Capítulo 3

La Revolución de los Entornos Inteligentes:

Nuevas Dimensiones en Comunicaciones

Inalámbricas.

En respuesta al crecimiento exponencial en la cantidad de dispositivos, servicios y aplicaciones inalámbricas emergentes, ha surgido en los últimos años una exigencia implacable por comunicaciones inalámbricas de alta velocidad. No obstante, uno de los desafíos más significativos en las frecuencias de microondas en mmWave y en los THz es la limitada distancia de comunicación. Este problema se debe a las altas pérdidas de trayectoria asociadas a las pequeñas longitudes de onda de operación y a la baja potencia de transmisión de los transceptores que funcionan en mmWave y en los THz. Frente a este escenario, las estrategias se enfocan predominantemente en avanzar en el desarrollo de hardware y software para transceptores inalámbricos, así como en la creación de tácticas de optimización de las redes.

Sin embargo, un aspecto que ha sido insuficientemente abordado es el impacto significativo que el medio de propagación inalámbrico ejerce sobre la eficiencia del sistema de comunicación en el espacio libre. Se ha comprobado que los entornos de comunicación inalámbrica, tanto en escenarios interiores como exteriores, pueden ser manipulados activamente para controlar la propagación de señales.

Supervisar la propagación de señales en el medio de propagación es vital para regular cómo las ondas electromagnéticas interactúan con los elementos que generan dispersión del campo. Esto incluye elementos como el mobiliario interior, edificios exteriores, así como otras infraestructuras.

Los comportamientos controlables de las ondas electromagnéticas abarcan aspectos como la reflexión controlada, la absorción, el ajuste fino de ondas, la guía de ondas de señales y el control de la polarización. Este control preciso de la propagación de las señales marca una distinción con las tecnologías anteriores y es la base del concepto de "Entornos de Comunicación Inteligentes".

Abordando esta revolución de los entornos inteligentes desde un ángulo innovador, el concepto de los diseños de arreglos reflectores plasmónicos entra en juego. Estos se fabrican con el objetivo singular de manipular de manera no convencional las ondas electromagnéticas que inciden sobre estas superficies. En este contexto, se abren nuevas posibilidades en las comunicaciones inalámbricas.

Debido a la naturaleza de estas superficies, es posible inducir una serie de efectos en las ondas incidentes. Estos efectos incluyen cambios de fase, variaciones en la dirección de las ondas, efectos de absorción, colimación y modificación de la polarización. Este abanico de posibilidades amplía nuestra comprensión de cómo será posible interactuar y controlar las ondas electromagnéticas en la era 6G.

Siguiendo esta línea de pensamiento, es interesante observar cómo se forman estos arreglos reflectores. Están compuestos por una serie de superficies superpuestas, cada una con un propósito específico. Los planos de comunicaciones, cómputo, blindaje, detección y control son componentes esenciales en esta configuración. Por último, existe un plano externo de metamateriales, añadiendo una capa adicional de complejidad y potencial al diseño.

Con la continua evolución y desarrollo de estas tecnologías, nos enfrentamos a nuevas dimensiones en las comunicaciones inalámbricas, permitiendo la creación de entornos cada vez más inteligentes y adaptativos.

Sin duda, los arreglos reflectores plasmónicos se perfilan como una pieza fundamental en esta apasionante transformación. Los Entornos de Comunicación Inteligentes se controlan con algoritmos que utilizan técnicas como el aprendizaje profundo y el aprendizaje por refuerzo para configurar dinámicamente los entornos. Este enfoque permite manipular activamente el medio de propagación en función de las necesidades de transmisión, optimizando las características físicas de las ondas electromagnéticas portadoras de información.

Por tanto, es imperativo que se intensifiquen los esfuerzos de investigación en relación a estos comportamientos de ondas controlables. La identificación y resolución de los problemas tecnológicos emergentes durante la propagación de las ondas electromagnéticas no sólo mejorará la eficiencia de las comunicaciones actuales, sino que permitirá explorar nuevas fronteras en el ámbito de las comunicaciones inalámbricas.

Es significativo que el crecimiento en las comunicaciones inalámbricas de alta velocidad sea un desafío, especialmente en las frecuencias de microondas mmWave y THz debido a la limitada distancia de comunicación. Se busca avanzar en hardware y software para transceptores y tácticas de optimización de redes. Sin embargo, se pasa por alto el impacto del medio de propagación en la eficiencia del sistema. Se puede controlar activamente la propagación de señales en entornos de comunicación, lo que es vital para regular la interacción de ondas electromagnéticas con elementos que generan dispersión. Los diseños de arreglos reflectores plasmónicos permiten manipular ondas electromagnéticas de manera no convencional y abren nuevas posibilidades en comunicaciones inalámbricas.

Además, con el control de Entornos de Comunicación Inteligentes, se pueden adaptar dinámicamente los entornos de propagación, lo que mejora la eficiencia de las comunicaciones actuales y abre nuevas fronteras en el campo de las comunicaciones inalámbricas. Mientras nos encontramos en el umbral de una era de comunicaciones más avanzada, los Entornos de Comunicación Inteligentes se presentan como el faro que guía el camino hacia un futuro inimaginable. Cada innovación y descubrimiento es una pieza del rompecabezas que nos conduce a una revolución tecnológica sin precedentes. Prepárate para ampliar en las profundidades de estas dimensiones emergentes; la siguiente fase de nuestro viaje te espera.

3.1. Entornos Inteligentes en 6G:

Estructura, Funcionamiento y Ventajas en la Comunicación Inalámbrica.

Los Entornos de Comunicación Inteligentes se pueden concebir como una infraestructura tridimensional, compuesta por varias capas interconectadas, cada una con funcionalidades únicas. Se ha evidenciado que tales estructuras pueden tener hasta cinco capas principales: la capa de interacción electromagnética, la de control y detección, la de blindaje, la de cómputo y la capa de comunicación.

Más precisamente, la capa de interacción electromagnética está integrada por metasuperficies, una representación bidimensional de metamateriales, que tienen una impedancia ajustable. Esta capacidad permite controlar las direcciones de las ondas electromagnéticas reflejadas. Las metasuperficies, al funcionar como antenas con arreglos reflectores, representan una mejora significativa en la funcionalidad de la superficie superior.

Por otra parte, la capa de control y detección consta de circuitos especializados para el cambio de fase y sensores para la detección de las señales incidentes. Varias implementaciones recurren al uso de diodos PIN con voltaje de polarización controlable que actúan como interruptores en antenas de arreglos reflectores. Además, se emplean transistores CMOS e interruptores MEMS en metasuperficies para garantizar un control y una detección eficientes.

A su vez, la capa de blindaje cumple la función vital de aislar las partes superior e inferior de la estructura de capas, minimizando así posibles interferencias. En el corazón de estos Entornos de Comunicación Inteligentes, la capa de cómputo es responsable de controlar los cambios de fase y procesar las ondas incidentes detectadas. Para cumplir estas funciones en las metasuperficies, una solución atractiva es el uso de arreglos de puertos programables del campo electromagnético (FPGAs - field-programmable gated arrays).

Finalmente, la capa de comunicación conecta todas las capas superiores y actúa como el puerto de enlace hacia el controlador central. Esta capa procesa todas las solicitudes de conexión, reenvía y recibe señales y realiza funciones de control de las ondas incidentes.

Cuando se comparan con los retransmisores existentes con múltiples antenas, que se encuentran ampliamente desplegados en redes inalámbricas, los Entornos de Comunicación Inteligentes ofrecen una serie de ventajas significativas. Entre estas, se destaca una mayor diversidad espacial gracias a la amplia cobertura alcanzada mediante el uso de superficies inteligentes aplicadas en arreglos de antenas controladas. Además, se observa un tiempo de procesamiento reducido, ya que las capas de cómputo y comunicación están situadas directamente debajo de las capas de las superficies inteligentes.

Además, los Entornos de Comunicación Inteligentes proporcionan una mayor flexibilidad en la gestión de las redes, especialmente cuando las señales incidentes provienen de diferentes direcciones. Esto se debe a que las superficies inteligentes son capaces de alinear las ondas electromagnéticas incidentes y reflejarlas hacia las direcciones deseadas. Por lo tanto, los Entornos de Comunicación Inteligentes representan un gran avance en la revolución de las comunicaciones inalámbricas, marcando una nueva era en la tecnología 6G.

El horizonte de las comunicaciones se redibuja ante nosotros, con los Entornos de Comunicación Inteligentes erigiéndose como pilares del 6G. Un universo de posibilidades se despliega; continuemos descubriendo sus secretos juntos.

3.2. Diseño Avanzado de Superficies Inteligentes:

Aplicación de Metasuperficies y Arreglos de Antenas Plasmónicas en las Comunicaciones 6G.

Impulsando la vanguardia de las comunicaciones inalámbricas, las estructuras en capas en combinación con superficies inteligentes basadas en metasuperficies habilitan operaciones de control de ondas electromagnéticas en frecuencias de microondas milimétricas. Al mismo tiempo, las antenas plasmónicas basadas en grafeno, mostrando una eficacia excepcional, proporcionan funcionalidad superior en las bandas de los terahercios.

La unidad más pequeña en una metasuperficie es el meta átomo, que puede considerarse un conductor de tamaño minúsculo, más pequeño que la mitad de la longitud de onda de la señal. Estos meta átomos confieren a las metasuperficies la capacidad de controlar las ondas electromagnéticas incidentes con una granularidad muy fina. Además, se encuentran interconectados por una serie de controladores miniaturizados que activan los interruptores de las metasuperficies en la capa de cómputo. Un puerto de enlace, por su parte, se convierte en la unidad de conexión con la capa de comunicación, proporcionando un control interelemento y externo de la superficie inteligente.

En las bandas de los terahercios, donde las metasuperficies pueden no ofrecer el rendimiento óptimo, los arreglos de antenas plasmónicas basados en grafeno emergen como una alternativa muy eficiente. Estos arreglos pueden tener una disposición de elementos mucho más densa en comparación con la distribución espacial convencional de los arreglos de antenas metálicas, permitiendo una formación de haces de flujo electromagnético más precisa en términos de espacio y frecuencia, gracias a la naturaleza física plasmónica.

Se ha demostrado que el grafeno puede ser utilizado para construir nanotransceptores y nanoantenas con dimensiones máximas dictadas por la relación (longitud de onda)/20, permitiendo su operación en las frecuencias de los terahercios. Esta propiedad permite la integración densa de estos elementos en áreas muy reducidas, de modo que 1024 elementos pueden ocupar menos de 1 mm^2.

Por lo tanto, al combinar arreglos de antenas plasmónicas basados en grafeno en bandas de los terahercios, junto con metasuperficies que operan en bandas milimétricas, se puede ampliar el espectro operacional de los entornos inteligentes. Así, estas superficies inteligentes pueden emplearse de manera controlada tanto en la transmisión como en la recepción, promoviendo una eficacia de comunicación sin precedentes en la era de la tecnología 6G. Estos avances representan un salto significativo hacia el futuro de las comunicaciones inalámbricas, creando el camino para una nueva era de conectividad y rendimiento.

Se puede afirmar que la confluencia entre las metasuperficies y los arreglos de antenas plasmónicas, insinúa una revolución inminente en el dominio de las comunicaciones. Estamos en la cúspide de un renacimiento tecnológico, donde las estructuras en miniatura y la precisión en la manipulación de ondas electromagnéticas desbloquean capacidades inimaginables hasta ahora. Imagina un mundo donde la transmisión de datos a velocidades vertiginosas y sin distorsiones es la norma, no la excepción. La era 6G no es solo una mejora incremental, es la redefinición completa de lo que es posible en comunicaciones inalámbricas. A medida que nos adentramos más en este fascinante viaje, descubriremos juntos cómo estos avances pueden reconfigurar nuestro mundo, enriqueciendo nuestras vidas y conectándonos de formas que nunca soñamos. Así que, ¿estás listo para explorar el siguiente horizonte de la conectividad? La siguiente página te llevará un paso más cerca de ese futuro prometedor.

3.3. El Amanecer de los Metamateriales:

Redefiniendo las Comunicaciones

Inalámbricas en los Entornos Inteligentes.

Los Entornos de Comunicación Inteligentes están sentando las bases para una transformación revolucionaria en el mundo de las comunicaciones inalámbricas. Guiado por su principio de funcionamiento, es posible desentrañar su estructura, desglosada en capas, y apreciar el papel y la funcionalidad que cada una desempeña en este fascinante espectáculo de la comunicación inalámbrica.

La primera capa que analizaremos, el plano de los metamateriales, es el fundamento sobre el que se construyen todas las demás. Representando la primera capa de la superficie inteligente, esta capa es la que literalmente "toca" las señales. En diseños basados en arreglos reflectores, se introducen desplazamientos de fase en cada elemento para mejorar las señales útiles mientras se neutralizan las interferencias. Los elementos empleados en la metasuperficie poseen dimensiones en una escala de milímetros, y están conectados a diodos PIN que se alimenta con un voltaje de polarización para controlar los modos de operación. Este control se logra variando el nivel de la tensión de polarización del PIN.

Los metamateriales, en este contexto, cumplen con el principio de funcionamiento del bloque y admiten la señal electromagnética. En particular, los arreglos reflectores emplean desplazamientos de fase modificables que se aplican sobre las superficies. En el campo lejano de la radiación, los rayos reflejados pueden considerarse codireccionales, y su superposición constructiva o destructiva se controla mediante los desplazamientos de fase aplicados.

Por consiguiente, las funciones de dispersión de ondas o reflexiones controladas son plenamente alcanzables. Así, los bloques metamateriales funcionan como superficies con una impedancia local ajustable. Esta capacidad permite que las ondas incidentes generen corrientes superficiales inductivas sobre los bloques, que pueden controlarse ajustando la impedancia local por medio de los bloques metamateriales.

Conviene destacar que el Principio de Huygens dicta que cualquier frente de onda electromagnético puede rastrearse hasta una distribución de corrientes generada sobre las superficies. Por lo tanto, en principio, los metamateriales pueden producir cualquier función electromagnética personalizada como respuesta a una onda incidente. Esto incluye una variedad de funciones, desde el direccionamiento, el ajuste fino y la sintonización de las ondas para crear un frente de onda plano como respuesta a una onda incidente, hasta ajustar la polarización, alterar la fase, absorber total o parcialmente las ondas, filtrar de forma selectiva la frecuencia, e incluso afectar la modulación.

En este sentido, los metamateriales se perfilan como una de las tecnologías más propicia para llevar la era de los entornos inteligentes a la cumbre de su potencial, redefiniendo de forma significativa la forma en que percibimos y nos adentramos en el impresionante dominio de las comunicaciones inalámbricas. En un mundo que cada vez se torna más interconectado y dinámico, los avances tecnológicos como estos redefinen no sólo cómo comunicamos la información, sino también cómo transformamos nuestro entorno y nuestra realidad.

Imagina un futuro donde la conectividad sea tan fluida y precisa que las barreras actuales parezcan reminiscencias de un pasado distante. Mientras nos embarcamos en el siguiente capítulo de este viaje de descubrimiento, te invito a penetrar más profundamente en el arte y la ciencia detrás de estos materiales revolucionarios, y a explorar conmigo las infinitas posibilidades que aguardan en el horizonte de las comunicaciones. El futuro de las comunicaciones inalámbricas no es sólo prometedor, es asombroso, y está justo a la vuelta de la esquina. ¿Te unes en este viaje hacia lo desconocido?

3.4. El Plano de Detección, Monitoreo y Control:

La Intersección Crítica en los Entornos Inteligentes.

El dominio de las ondas electromagnéticas en el contexto de los canales de transmisión en tiempo real requiere la habilidad de percibir y responder al entorno de propagación. Este imperativo conduce a la necesidad de superficies programables que sean sensibles al entorno del medio externo y que puedan reaccionar en consecuencia. En este contexto, entra en juego el plano de la superficie superior, el cual está en contacto directo con el entorno de propagación de las ondas electromagnéticas.

Esta capa, en esencia, es una vasta mezcla de elementos de hardware que pueden ser controlados para lograr un desplazamiento de fase o una distribución de impedancia a través de cada bloque superficial de metamateriales. En general, comprende arreglos de antenas planas, en forma de parches de cobre, y conmutadores para alcanzar múltiples estados.

Los bloques superficiales de metamateriales para arreglos reflectores, por regla general, emplean diodos PIN con voltaje de polarización controlable, actuando como conmutadores. Sin embargo, la versatilidad de los metamateriales no tiene límites, ya que pueden adoptar una amplia gama de formas y funciones, desde tomar la forma y la geometría de antenas planas, hasta actuar como conmutadores.

Se han considerado una variedad de opciones, incluyendo transistores CMOS, diodos PIN, conmutadores Micro-Electro-Mecánicos (MEMS), microfluídicos, magnéticos y térmicos en diversas aplicaciones y usos. Es importante destacar que algunas opciones, como los conmutadores microfluídicos, tienen la característica ventajosa de preservar el estado, requiriendo energía solo para cambiar de estado, pero no para mantenerlo, lo cual es una notable diferencia respecto a los diodos PIN polarizados.

Para un control eficiente de las ondas electromagnéticas, se hace imprescindible la detección de las mismas. Las ondas pueden ser proporcionadas por sistemas externos, así como ser obtenidas por canales dinámicos y desde usuarios finales móviles. Además para lograr un control preciso, los bloques superficiales están en la capacidad de incorporar funciones de detección adaptable y flexible, que los hacen inmunes al problema del envejecimiento de los canales.

La detección puede ser directa, empleando sensores especializados, o indirecta, deduciendo algunas características físicas de la onda incidente a partir de las corrientes o voltajes detectados entre los elementos de los bloques superficiales metamateriales. De esta manera, el plano de detección y control se convierte en la intersección crítica de la percepción y la acción, proporcionando una capacidad de respuesta adaptativa que es fundamental para los Entornos de Comunicación Inteligentes del futuro.

En la era emergente de las comunicaciones, el plano de detección y control se erige como la brújula y el timón de los Entornos Inteligentes, delineando con precisión la interfaz entre lo que se percibe y cómo se responde. Estamos en presencia de una maquinaria sofisticada y revolucionaria, que no solo escucha y percibe sino que también se adapta y transforma según lo demandado. Su capacidad de auto-regulación, aprender de su entorno y tomar decisiones autónomas lo configura como el núcleo palpitante de una revolución comunicativa que estamos a punto de presenciar. Así como un navegante confía en su brújula y timón para surcar los mares desconocidos, nos aventuramos hacia un horizonte de posibilidades inexploradas en el vasto océano de las comunicaciones. Te invito a embarcarte en esta odisea, donde cada descubrimiento promete cambiar la manera en que entendemos y nos conectamos con el mundo a nuestro alrededor.

3.5. El Plano de Cómputo:

El Cerebro Computacional de los Entornos Inteligentes.

En medio del extenso conjunto de un sistema de superficie controlable, la funcionalidad de cómputo desempeña un papel central, actuando como el maestro de orquesta que dirige la sinfonía de procesamiento que ocurre en cada instante. En los diseños que incorporan metasuperficies, se utilizan controladores basados en arreglos de puertos programables, conocidos como FPGA (Field Programmable Gate Arrays), que se conectan a las metasuperficies para implementar diversas funciones de cómputo.

Este plano de cómputo alberga el hardware de procesamiento computacional, que administra los elementos de control, ejecución, monitoreo y detección sensible. La coreografía de procesamiento que administra este cerebro digital incluye la ejecución de mapeo de valores locales de fase, de impedancia y de estados. Habitualmente, los bloques superficiales de los arreglos reflectores se implementan en esta capa, utilizando FPGAs y registros de desplazamiento.

Las metasuperficies, y particularmente aquellas que ofrecen funcionalidades extremas, como las HyperSurfaces, pueden optar por emplear dispositivos estándar del Internet de las Cosas para cumplir los mismos propósitos. Estos sistemas avanzados también pueden incluir, de manera opcional, elementos de hardware de computación (ASICs, Application-Specific Integrated Circuits) distribuidos sobre los meta átomos de los bloques superficiales metamateriales.

Esta configuración particular puede permitir a los bloques superficiales un cierto grado de autonomía y capacidad cognitiva. Los meta átomos, por lo tanto, no solo detectan la presencia y el estado entre ellos, sino que también pueden tomar decisiones de control y ejecución local para cumplir con un objetivo general de funcionalidad. Sin embargo, se debe tener en cuenta que estas capacidades avanzadas pueden no ser necesariamente requeridas en todos los entornos inalámbricos programables, lo cual ilustra la flexibilidad inherente de estos sistemas y su capacidad para adaptarse a diferentes necesidades y contextos.

Admitamos que el plano de cómputo en los Entornos Inteligentes juega un papel esencial en el control y procesamiento de las metasuperficies, sirviendo como un cerebro digital que orquesta la operación de todo el sistema. En estos diseños, se utilizan controladores basados en FPGA y dispositivos del Internet de las Cosas para gestionar funciones de cómputo, ejecución, monitoreo y detección en las metasuperficies. Esta configuración permite una cierta autonomía y capacidad cognitiva en los bloques superficiales, que pueden tomar decisiones de control y ejecución local para lograr los objetivos de funcionalidad. Sin embargo, la flexibilidad de estos sistemas permite adaptarse a diversas necesidades y contextos, lo que demuestra su versatilidad.

En definitiva, los Entornos Inteligentes representan un avance significativo en las comunicaciones inalámbricas y en la capacidad de controlar activamente la propagación de señales. La integración de cómputo, el hardware personalizable y los dispositivos del Internet de las Cosas en metasuperficies abre nuevas posibilidades en términos de autonomía y cognición en la manipulación de ondas electromagnéticas. Esto marca el camino hacia entornos de comunicación más eficientes y adaptables, lo que podría revolucionar la forma en que interactuamos con la tecnología inalámbrica en el futuro.

Navegando en el epicentro de la innovación, el plano de cómputo emerge como el cerebro palpitante que redefine las fronteras de lo posible en comunicaciones inalámbricas. Su capacidad de orquestar, decidir y adaptarse posiciona a los Entornos Inteligentes no solo como meros receptores, sino como entidades pensantes en este ballet tecnológico. Lo que se vislumbra en el horizonte es un mundo donde la comunicación evoluciona, trascendiendo lo conocido y desafiándonos a imaginar lo inconcebible. Te invito a descubrirlo.

3.6. El Plano de Comunicaciones:

El Conducto Vital de Información en Entornos Inteligentes.

Dentro del vasto ecosistema de un entorno inteligente, el plano de comunicaciones actúa como las venas y arterias de un cuerpo humano, transmitiendo señales vitales desde la capa de procesamiento a la capa de la metasuperficie correspondiente. Además, este plano desempeña la crucial tarea de recoger señales desde el plano de monitoreo, detección sensible y ejecución.

En sistemas de superficies programables complejas, las interacciones comunicativas entre los planos son vitales para realizar diversas funciones de control de las ondas electromagnéticas. Las señales de comando que fluyen por estas vías neuronales generalmente operan a frecuencias mucho más bajas en comparación con las emitidas desde superficies programables, lo que resulta en una mayor eficiencia para el ajuste preciso del voltaje de polarización de los diodos PIN.

La capa de comunicaciones es la encargada de enlazar la capa de ejecución y monitoreo sensible con la capa de cómputo, así como con dispositivos externos a los bloques superficiales. Ejemplos de estos dispositivos externos son los controladores, que establecen la interacción entre el sistema y el mundo exterior.

En su forma más simplificada, esta capa se implementa dentro del hardware de cómputo, actuando como una interfaz hacia los sistemas del medio de propagación externo mediante el uso de cualquier protocolo convencional, como Ethernet. No obstante, los bloques superficiales del tipo HyperSurface, que poseen elementos de computación distribuidos integrados, requieren adicionalmente esquemas de comunicación interbloques superficiales metamateriales para manejar el intercambio de información entre los meta átomos inteligentes.

La comunicación intrabloques, tanto en superficies cableadas como inalámbricas, también es una posibilidad. En estos casos, el hardware ASIC (Application-Specific Integrated Circuit) emplea protocolos personalizados y no estándar, proporcionando un grado adicional de flexibilidad y adaptabilidad al sistema. Este entramado comunicativo subyace en el corazón de los entornos inteligentes, permitiendo su fluida operación y adaptabilidad al cambio constante de las condiciones de su entorno.

En efecto, la capa de comunicaciones en los Entornos Inteligentes se revela como el sistema circulatorio que conecta y coordina las funciones vitales de las metasuperficies programables complejas. Estas capas facilitan las interacciones entre las capas de ejecución, monitoreo, cómputo y los dispositivos externos, actuando como una interfaz hacia el mundo exterior. En casos avanzados, como los bloques superficiales HyperSurface, se implementan esquemas de comunicación interbloques superficiales metamateriales, lo que permite un intercambio de información altamente eficiente. Esta infraestructura comunicativa es esencial para la operación fluida y la adaptabilidad de los Entornos Inteligentes, respaldando su funcionamiento en entornos cambiantes.

Conviene entonces advertir que el universo en constante expansión de los Entornos Inteligentes, con sus metasuperficies avanzadas y sus intrincadas capas de operación, encuentra en el plano de comunicaciones su esencia vital y su cauce integrador. Imagínese este plano como la red neural de un ser viviente, transfiriendo impulsos, interpretando datos y adaptándose al pulso cambiante del entorno, todo con una precisión orquestada. Es este tejido comunicativo, este marco interconectado, lo que otorga a los sistemas la facultad de responder, aprender y evolucionar. En un mundo dominado por el ritmo vertiginoso de la tecnología, comprender y perfeccionar este dinamismo interno nos prepara para los horizontes aún inexplorados de las comunicaciones. Las próximas páginas ofrecen un viaje más profundo a esta odisea; una travesía que apenas comienza y que promete transformar nuestra relación con el espacio digital que nos rodea. Continuemos juntos esta travesía.

3.7. Optimización de los Entornos Inteligentes: Seguridad, Alcance y Fiabilidad en las Comunicaciones 6G.

Los avances en tecnología 6G nos llevan a un mundo donde los bloques superficiales bien coordinados en entornos inteligentes tienen el potencial de revolucionar nuestros sistemas inalámbricos, mejorando significativamente la eficiencia de la comunicación.

Imaginémonos en un futuro cercano, desde la perspectiva de múltiples usuarios en movimiento. Los sistemas de entornos inteligentes están destinados a servir a un gran número de usuarios, con patrones cada vez más realistas que incluyen usuarios móviles independientes y un conglomerado de otros usuarios. Sin embargo, este alentador futuro de comunicación ultrarrápida y fluida no está exento de problemas.

Uno de los retos más importantes es garantizar la seguridad en la capa física contra bloqueos o interceptaciones indeseadas, un problema persistente y crucial en el mundo hiperconectado de hoy. Con este impedimento en mente, los entornos inteligentes deben ser diseñados para proporcionar soluciones robustas y eficaces.

La distancia de transmisión es otra dificultad. Para los usuarios ubicados en áreas no visibles directamente, NLoS (Non-Line-of-Sight) en relación con el transmisor, el sistema de entornos inteligentes tiene como objetivo ampliar la distancia de transmisión y llegar a áreas previamente no cubiertas utilizando medios de guía de ondas o técnicas de aprovechamiento de las reflexiones.

Los estudios y simulaciones actuales sugieren que a 60 GHz la cobertura puede extenderse a toda una zona NLoS, lo que abre nuevas posibilidades de comunicación ininterrumpida.

Además, el panorama de múltiples usuarios plantea inevitablemente la preocupación por las interferencias. En los esquemas propuestos, cada unidad de entorno inteligente está dedicada a un usuario individual, por lo tanto, se prevé que la mayoría de las interferencias se generen en el medio de propagación inalámbrica del enlace de extremo a extremo.

De manera que, la confiabilidad es un factor clave a tener en cuenta. Los esfuerzos en este sentido incluyen el uso de antenas altamente direccionales para anular el bloqueo, la formación de áreas de exclusión y la asignación de claves secretas a usuarios legítimos.

En este contexto, los enlaces dedicados en los entornos inteligentes, cuando se implementan adecuadamente, pueden proporcionar una seguridad inherente, consiguiendo una buena confiabilidad cuando escuchas no autorizados no tienen conocimiento de las frecuencias en las que transmiten los paquetes, o reciben mucho más ruido, lo que hace que los datos interceptados sean prácticamente imposibles de decodificar. Así que, estos entornos inteligentes abren un nuevo capítulo en la historia de las comunicaciones inalámbricas, marcando el camino hacia un futuro más seguro, accesible y confiable.

En resumen, dentro de la tecnología de los Entornos Inteligentes, la confiabilidad es un aspecto crítico para abordar las preocupaciones de interferencia. Por lo cual, la implementación de enlaces dedicados y las estrategias de seguridad, como la asignación de claves secretas a usuarios legítimos, demuestra que estos entornos inteligentes tienen el potencial de proporcionar una seguridad inherente y una confiabilidad mejorada en las comunicaciones inalámbricas. Esto marca un avance significativo hacia un futuro más seguro, accesible y confiable en el ámbito de las comunicaciones. Ante un futuro digital en expansión, los Entornos Inteligentes se erigen como guardianes de una comunicación más segura y eficaz. Si bien los desafíos persisten, las soluciones emergen con innovación y determinación. Como actores clave en el escenario 6G, estos sistemas prometen redefinir nuestras conexiones, ofreciéndonos un futuro donde la interacción inalámbrica trasciende barreras y redefine límites. Prepárese para adentrarse aún más en estos fascinantes desarrollos tecnológicos, que nos aguardan.

3.8. Ciberseguridad en la era 6G:

Nuevas Estrategias para la Protección de Datos y de la Autenticidad del Usuario.

En una era donde la cantidad de información intercambiada entre los usuarios y los proveedores de servicios es prácticamente continua, se genera un escenario de mayor vulnerabilidad frente a la fuga de datos personales y privados. La red inalámbrica 6G, por tanto, no sólo debe heredar las medidas de seguridad existentes en las redes precedentes, sino que tiene la necesidad imperativa de brindar una protección superior, especialmente en la capa física, al incorporar nuevas técnicas de apoyo y asistencia.

En las redes 5G actuales, se han utilizado haces de flujo electromagnético altamente direccionales para las comunicaciones de microondas en las mmWave en el dominio espacial. Este mecanismo, teóricamente, evitaría que las señales sean interceptadas. Sin embargo, estudios recientes han demostrado que estas transmisiones electromagnéticas de precisión pueden ser aún vulnerables al espionaje de alta tecnología.

Algunos algoritmos de cifrado de la capa física, que utilizan enfoques de codificación de fuente como el código de paridad de baja densidad (LDPC - Low-Density Parity-Check codes), han demostrado un rendimiento óptimo bajo condiciones específicas. Sin embargo, las soluciones existentes en superficies con inteligencia reconfigurable aplican a los arreglos reflectores (reflectarrays), que no tienen la capacidad de distinguir efectivamente a los usuarios que se convierten en objetivos de los atacantes maliciosos.

Aquí es donde los entornos inteligentes de la 6G entran en juego, ya que están diseñados para identificar a los destinatarios no deseados, crear áreas nulas y mejorar el grado de secreto del enlace. En esencia, estos entornos inteligentes tendrán la capacidad de detectar la ubicación de los usuarios e intercambiar dicha información con un controlador de sistema, para verificar la autenticidad del usuario. Sólo los usuarios autorizados recibirán flujos de señales desde el emisor. Paralelamente, las solicitudes de conexión de los usuarios no autorizados o de escuchas indeseados, serán neutralizadas al intentar acceder a información segura o incluso al intentar establecer enlaces con el emisor.

En la práctica, los entornos inteligentes pueden ser configurados para ajustar las fases de los componentes responsables del control multi trayectorias en los canales, de tal manera que las señales que llegan a los usuarios previstos puedan ser combinadas coherentemente para mejorar los niveles de potencias recibidos. Por otro lado, las señales interceptadas por intrusos serán redirigidas o incluso canceladas por medio de una combinación incoherente. Los resultados de las simulaciones respaldan esta estrategia, demostrando una atenuación de 6 dB en el nivel de la señal recibida desde el emisor espía, validando la solución de seguridad de la capa física propuesta.

De esta manera, se consigue un alto grado de privacidad del canal cuando los usuarios no deseados carecen del conocimiento de ecualización necesario para recuperar las señales transmitidas sobre el nivel de ruido recibido. Podemos estar seguros entonces que los avances en seguridad de la tecnología 6G marcarán un antes y un después en la protección de datos personales y de autenticación del usuario.

Con la revolución del 6G, nos encontramos en el umbral de una era dorada de la Ciberseguridad, donde no solo se refuerza la protección de datos sino también la verificación de identidades en la vasta red digital. Si bien el panorama tecnológico anterior ha sido testigo de múltiples avances, la 6G promete ir un paso más allá, creando barricadas virtuales más resistentes y sistemas de autenticación más sofisticados. Pero estos desarrollos orientados a alcanzar una comunicación más segura y personalizada es solo el comienzo. Siga adelante y descubra cómo la tecnología 6G transformará no solo nuestras conexiones, sino también nuestra percepción de la privacidad y la autenticidad en el ciberespacio. ¡Bienvenido a la nueva era de la Ciberseguridad!

3.9. Exigencias Futuras:

Consideraciones Prácticas en la Implementación de Entornos Inteligentes.

En el camino hacia la implementación plena de entornos inteligentes, existen diversos problemas pendientes que requieren ser abordados con profundidad y diligencia. De este modo, la transición de estos entornos a soluciones prácticas y cotidianas puede estar plenamente garantizada. Estas exigencias son los siguientes:

a) Equilibrio entre dimensiones y consumo de energía: Con la visión de aplicar entornos inteligentes a superficies de paredes, techos interiores y fachadas de edificios, nos enfrentamos a la necesidad de conciliar dimensiones que satisfagan tanto a las áreas de instalación específicas como a los requisitos de enlace. Simultáneamente, la integración de más elementos de reflectarray y cadenas de enlaces de microondas en el sistema conlleva un aumento inevitable en el consumo de energía, debido a los circuitos avanzados de procesamiento de señales. En consecuencia, cómo lograr una solución económica para equilibrar la dimensión total y el consumo de energía, mientras se brinda a los usuarios el rendimiento deseado, es una barrera crucial que necesita ser superada.

La idea de integrar tecnologías inteligentes en las paredes, techos y fachadas de edificios es verdaderamente revolucionaria. Imagina superficies que no solo son estéticas, sino también funcionales, capaces de comunicarse, procesar información y, posiblemente, hasta interactuar con los ocupantes de la edificación. Sin embargo, la implementación de esta visión plantea el desafío de encontrar un equilibrio óptimo entre las dimensiones físicas de los dispositivos y su consumo energético.

Al contemplar la implementación de entornos inteligentes en superficies estructurales, es imperativo que las dimensiones de los dispositivos sean adecuadas tanto para las áreas específicas de instalación como para cumplir con los requisitos de enlace y comunicación. No quisiéramos comprometer la integridad estructural o estética del edificio debido a dispositivos voluminosos o inapropiadamente ubicados.

Añadido a esto, la integración de más elementos, como reflectarrays y cadenas de enlaces de microondas, aunque amplifica la capacidad y funcionalidad del sistema, también eleva de manera significativa el consumo de energía. Este aumento se debe, en gran parte, a los circuitos avanzados requeridos para el procesamiento de señales y la gestión de comunicaciones.

El desafío, entonces, radica en cómo diseñar e implementar estos sistemas para que sean energéticamente eficientes sin sacrificar su rendimiento. Buscamos una solución que no solo sea técnica y funcionalmente viable, sino también económica. En esencia, la barrera a superar es cómo proporcionar a los usuarios el rendimiento y la experiencia deseada, garantizando al mismo tiempo que el sistema sea sostenible y amigable con el entorno.

Cabe señalar la importancia de analizar en profundidad las posibles soluciones y tecnologías emergentes que podrían ayudar a abordar esta tecnología, así como las implicaciones prácticas de su implementación en entornos urbanos y domésticos.

b) Compatibilidad con soluciones existentes: Los puntos de acceso WiFi actuales han desarrollado un protocolo muy eficiente para detectar canales y establecer enlaces con los usuarios. Sin embargo, si los entornos inteligentes pretenden mejorar la cobertura de la señal interior, deben ser compatibles con el estándar de la serie IEEE 802.11. Este es un tema que actualmente está en investigación y que demanda soluciones innovadoras.

c) Estandarización: Diversas tecnologías están siendo investigadas, como arreglos reflectores, metasuperficies, superficies selectivas de frecuencia, entre otros. Aun así, la comunidad científica no ha alcanzado un consenso sobre cómo estandarizar la arquitectura de estos dispositivos, la potencia máxima emitida, y los protocolos de comunicación. Es imperativo un esfuerzo de estandarización por parte de los grupos de trabajo para acordar un marco tecnológico práctico.

d) Inclusión de escenarios de aplicación avanzada: Los entornos de comunicación inteligentes, como posibles soluciones para la futura generación de sistemas inalámbricos, deben estar diseñados para adaptarse a escenarios avanzados, como el uso en el Internet de las Cosas (IoT) con una gran cantidad de dispositivos, o en situaciones con altas demandas de transmisión de video en tiempo real y dispositivos de alta movilidad.

e) Soluciones inteligentes de asignación de recursos: Los recursos en los dominios espacial, temporal y espectral deben asignarse de una manera óptima para satisfacer las demandas de los usuarios. Aquí entra en juego la necesidad de soluciones que utilicen la Inteligencia Artificial y el Aprendizaje Automático para asignar recursos de forma eficiente y eficaz.

f) Diseño y optimización impulsados por la Inteligencia Artificial: En escenarios complejos donde no se pueden encontrar soluciones precisas utilizando enfoques de optimización convencionales, los algoritmos avanzados de Inteligencia Artificial pueden jugar un papel crucial en la implementación de entornos de comunicación inteligentes, especialmente en presencia de disposiciones o estructuras de superficie complejas.

Cada uno de estas tecnologías constituye una oportunidad para la investigación y el desarrollo en la evolución de la tecnología 6G. La superación de estos obstáculos dará lugar a la próxima revolución en comunicaciones inalámbricas, abriendo un mundo de posibilidades y avances sin precedentes.

Capítulo 4

La Inteligencia Artificial:

Incidencia en la Evolución de las Comunicaciones Inalámbricas.

El reciente auge de la Inteligencia Artificial (AI - Artificial Intelligence) es un fenómeno que no se puede pasar por alto. En los últimos años, este campo ha experimentado un crecimiento sin precedentes, transformando de forma significativa diversas esferas de nuestra vida, tanto a nivel académico como industrial. Dicho crecimiento ha provocado que la AI se convierta en un instrumento indispensable en un sinfín de ámbitos, entre los que se incluyen las comunicaciones y el procesamiento de señales, posibilitando su aplicación en enlaces de radio cognitivos, teledetección, visión por computadora y gestión de redes.

Adentrándonos en el reino de las comunicaciones inalámbricas, vemos que la AI, junto con sus algoritmos asociados, está forjando un camino innovador. Están desafiando las convenciones y demostrando de manera progresiva su valor incuestionable en técnicas emergentes como las comunicaciones masivas MIMO (Multiple-Input Multiple-Output). Estas últimas, que exigen una estimación eficiente de los canales de transmisión y la detección de símbolos, usualmente no ofrecen soluciones simples ni eficientes en condiciones de transmisión complejas. Sin embargo, gracias al procesamiento paralelo intrínseco y al aprendizaje automático, podemos explotar su potencial para incrementar de manera favorable la capacidad de cómputo.

Es indudable que las actuales redes de comunicación inalámbrica adoptan una estructura jerárquica, en la que cada capa desempeña principalmente varias funciones. A pesar de esta realidad, las aplicaciones de AI y los algoritmos correspondientes están cerrando paulatinamente la brecha entre estas capas. De esta forma, se busca optimizar el rendimiento de toda la red inalámbrica de manera global. No obstante, para poder comprender la omnipresencia de las aplicaciones de AI, resulta esencial rastrear y entender cada capa de estas redes.

Es determinante subrayar que la AI es un concepto amplio que engloba una multitud de áreas. Estas cubren una serie de temas entrelazados e interdependientes como la robótica, el procesamiento del lenguaje natural, el aprendizaje automático (ML - Machine Learning), la visión por computadora, entre otros. Por lo tanto es muy importante analizar los algoritmos de aprendizaje automático (ML) y sus aplicaciones en las comunicaciones inalámbricas, todo bajo el prisma de la AI.

Dentro de la capa de red, los algoritmos de aprendizaje automático, ML, pueden ser utilizados para el agrupamiento del tráfico, adaptando de forma aún más precisa los recursos de la red a diversos escenarios. En las capas físicas y MAC, el aprendizaje profundo puede optimizar las estrategias de asignación de recursos para la distribución de energía, así como los esquemas de modulación y codificación, entre otros aspectos. Además, los algoritmos de ML también pueden ser de gran utilidad para estimar la eficiencia de los canales y para detectar a múltiples usuarios.

Al explorar este fascinante paisaje en el que la inteligencia artificial transforma las comunicaciones inalámbricas, invito al lector a sumergirse en este viaje de descubrimiento y a reflexionar sobre las innumerables posibilidades que la AI puede aportar al futuro de las comunicaciones. Así pues, continuemos juntos en este camino, desafiando los modelos convencionales y desvelando el verdadero potencial de la inteligencia artificial en el mundo de las comunicaciones inalámbricas.

4.1. Un Viaje a través de la Capa Física:

Inteligencia Artificial y el Rediseño del

Paradigma.

Históricamente, la orientación convencional del modelado de la capa física ha sido proponer y optimizar modelos matemáticos que se adhieran a un marco específico, cumpliendo con restricciones que satisfagan una serie de requisitos de rendimiento preestablecidos. Tomemos, por ejemplo, el proceso de estimación de eficiencia del canal, donde generalmente se asume un modelo de canal junto con otras configuraciones paramétricas. Estas soluciones basadas en modelos suelen funcionar eficientemente cuando la deducción de los modelos matemáticos es relativamente sencilla o cuando se puede encontrar una solución de forma explícita. A posteriori, los modelos pueden ser validados con mediciones de campo o simulaciones numéricas.

No obstante, en escenarios del mundo real, las soluciones basadas en modelos a menudo encuentran su talón de Aquiles en entornos complicados. Este contratiempo puede deberse a una multitud de factores, donde por ejemplo se consideran los efectos no lineales producidos dentro de los sistemas y la inevitable interferencia, entre otros.

En este punto del viaje a través de la capa física, se torna imprescindible introducir un enfoque alternativo. Este enfoque, lejos de basarse en teorías estrictas, se fundamenta en la recopilación y análisis de estadísticas o conjuntos de datos para construir el modelo a través del aprendizaje derivado de estos.

Resulta particularmente útil y revelador adoptar este método cuando nos enfrentamos a escenarios en los que el análisis teórico se vuelve intratable, o bien, cuando una solución específica resulta esquiva. Un ejemplo perfectamente ilustrativo de esta situación se da en los canales basados en fenómenos de difusión, un escenario común en la comunicación física molecular de los materiales.

En estos casos, las características del canal están fuertemente influenciadas por las condiciones del entorno, lo que los hace desafiantes para modelar de forma teórica. En tales circunstancias, una porción de los datos se utiliza para la preparación y el acondicionamiento, facilitando así la creación de un modelo sólido. Paralelamente, otros datos se emplean para llevar a cabo pruebas rigurosas, con el firme propósito de validar la precisión y la eficacia del modelo propuesto.

Así, la inteligencia artificial, basada en el aprendizaje de datos, juega un papel crucial en el rediseño del paradigma de la capa física en las comunicaciones 6G. Ya se ha evidenciado la utilidad de la Inteligencia Artificial (AI) en diversas funciones de la capa física. En la estimación de la eficiencia de los canales y en la detección de símbolos, por ejemplo, los enfoques de aprendizaje profundo han demostrado proporcionar resultados sólidos y precisos con una menor complejidad. Además, un método de aprendizaje profundo basado en la arquitectura de redes neuronales profundas también ha exhibido una mejora en la precisión de la estimación de la eficiencia de canales dominados por efectos no lineales de los amplificadores de potencia, el desequilibrio I/Q, así como los errores de cuantización inducidos por las limitaciones del hardware.

En este panorama, ha sido propuesto un sistema de comunicación basado en codificador-decodificador automático, un tipo de modelo de aprendizaje automático que se utiliza para la compresión y reconstrucción de datos de las señales transmitidas, considerando el deterioro del canal a través de redes neuronales profundas entrenadas de manera integral. Además, el aprendizaje auto-supervisado está emergiendo como una tendencia para la localización de usuarios, ya que se ha demostrado que los métodos relevantes pueden reducir significativamente el tamaño del conjunto de datos etiquetados para un procesamiento eficiente.

En cierto sentido, la evolución de la capa física en las comunicaciones 6G ha llevado a un cambio fundamental en este paradigma. Mientras que antes se basaba en modelos teóricos, ahora se aprovecha la inteligencia artificial y el aprendizaje de datos para abordar escenarios complejos e intratables desde una perspectiva teórica.

Es necesario recalcar que este enfoque es especialmente valioso en situaciones donde los modelos teóricos no pueden capturar la complejidad del entorno, como los canales de difusión moleculares. El uso de algoritmos de aprendizaje profundo y redes neuronales profundas ha demostrado ofrecer resultados sólidos y precisos con menor complejidad en tareas como la estimación de eficiencia de canales y la detección de símbolos.

Dentro de estas consideraciones se están explorando modelos de aprendizaje automático para la compresión y reconstrucción de datos de señales transmitidas, lo que toma en cuenta el deterioro del canal. Además, el aprendizaje auto-supervisado está surgiendo como una tendencia para la localización de usuarios, reduciendo la dependencia de grandes conjuntos de datos etiquetados. Ha llegado el momento donde la inteligencia artificial está remodelando la capa física de las comunicaciones inalámbricas, promoviendo innovaciones significativas y desafiando las prácticas convencionales.

En definitiva, en este sentido se invita al lector a apreciar cómo la inteligencia artificial está introduciendo un nuevo paradigma en la implementación de la capa física en las comunicaciones inalámbricas, impulsando innovaciones significativas y desafiando los enfoques actuales. Así, continuaremos explorando las capas más profundas de la tecnología 6G en las siguientes secciones, siempre con la inteligencia artificial como protagonista de este emocionante viaje.

Cabe destacar que a medida que el telón de la capa física tradicional cae, la inteligencia artificial emerge como el faro que ilumina el horizonte del 6G, redefiniendo las reglas del juego y prometiendo una revolución en las comunicaciones. La metamorfosis que estamos presenciando no es meramente evolutiva, sino radical, desafiando las nociones preestablecidas y dando paso a un mundo donde los límites son difusos y la innovación no tiene fin. Acompáñenos en las próximas páginas para introducirse en las profundidades de esta transformación y descubrir las maravillas que la era 6G tiene reservadas.

4.2. Hacia Nuevos Horizontes:

Aplicaciones de la Inteligencia Artificial en

Redes Inalámbricas.

En las diversas capas que conforman una red inalámbrica, la presencia de innumerables paquetes de datos invita a explorar la aplicabilidad de soluciones basadas en aprendizaje automático. Tomemos, por ejemplo, el diseño de protocolos de enrutamiento para redes de sensores inalámbricos. En este ámbito, los métodos de aprendizaje por refuerzo han demostrado ser una herramienta efectiva para lograr esquemas de enrutamiento más eficientes en términos de energía, especialmente en redes de sensores submarinos.

Moviéndonos hacia el terreno de la industria vehicular, la conducción autónoma, tema de intensa investigación, ha pasado de la teoría a la realidad. En lo que respecta a las redes de comunicación vehiculares, el constante movimiento de los vehículos presenta un desafío particular que hace que un modelo predictivo basado en datos en tiempo real supere en precisión a los modelos teóricos tradicionales.

La Inteligencia Artificial (AI), con su amplio espectro de algoritmos, se puede implementar de diversas maneras en las redes. Por ejemplo, las funciones de codificador-decodificador automático se pueden usar para predecir el flujo de tráfico. Además, algoritmos de agrupamiento como k-means pueden separar los paquetes de datos en k grupos distintos para controlar la congestión del tráfico. Asimismo, el Q-learning, un algoritmo de aprendizaje por refuerzo, es útil para tomar decisiones en entornos basados en recompensas y para la gestión inteligente de recursos, entre otros.

Explorando aún más allá, en el campo del Internet de las Cosas espaciales, con las capacidades de comunicación multibanda previstas para enlaces inter-satelitales y de tierra a satélite, se han propuesto estrategias de asignación de recursos basadas en redes neuronales profundas. Estas permiten un esquema flexible para que los satélites CubeSats, pequeños satélites cúbicos estandarizados que realizan diversas misiones espaciales de investigación, monitoreo y comunicación, permanezcan conectados sin la necesidad de intervención humana desde la tierra.

Sin embargo, para superar los avances en el desarrollo de algoritmos, surge un obstáculo que se encuentra en la ubicación del almacenamiento y procesamiento de datos, los cuales en gran medida se han desarrollado en las centrales de datos en la nube. Para los dispositivos distribuidos a lo largo de un amplio rango geográfico, esto puede agregar retrasos significativos en la realización de tareas que requieren operación en tiempo real. Además, los modelos de cómputo centralizados pueden presentar problemas desde perspectivas de seguridad de datos y limitación en la capacidad de procesamiento.

Ante estas dificultades, la inteligencia artificial ubicada en el borde de las redes insta a los dispositivos locales a asumir las tareas de operación y gestión. Si bien esto podría imponer una carga excesiva en los dispositivos locales, que generalmente no están equipados con unidades de procesamiento tan potentes como las de un centro de datos en la nube, los esfuerzos de investigación en esta área buscan acelerar el aumento de la capacidad de procesamiento del hardware y explotar la coordinación entre las unidades de procesamiento locales y centrales para optimizar la distribución de tareas.

En las secciones siguientes, seguiremos explorando cómo la inteligencia artificial y la tecnología 6G están redefiniendo los límites de lo que es posible en el mundo de las comunicaciones inalámbricas. La inteligencia artificial, con sus múltiples facetas, está reconfigurando la infraestructura y funcionalidad de las redes inalámbricas, trazando el camino hacia una revolución en la comunicación. A medida que nos adentramos en esta era transformadora, es imperativo mantener una perspectiva abierta, listos para asumir y abrazar los cambios que aguardan. Adentrémonos juntos en los próximos capítulos, donde las posibilidades parecen infinitas y las fronteras de lo conocido se extienden aún más allá de nuestro alcance actual.

4.3. Inteligencia Artificial y Aprendizaje Automático:

Revolucionando la Gestión de Redes en la Era 6G.

La Inteligencia Artificial, con un enfoque específico en el Aprendizaje Automático (ML), tiene un papel crucial en la gestión de las redes de la próxima generación. En este sentido, surge el concepto de plano del conocimiento, un sistema ubicuo arraigado en el Aprendizaje Automático dentro de la red, cuyo propósito es proporcionar servicios y asesoramiento a otros componentes de la misma.

Con el advenimiento de las redes definidas por software (SDN - software-defined networking) y la función de virtualización de red (NFV - network function virtualization), la adquisición de datos a gran escala se ha simplificado de manera significativa. Este cambio presenta un argumento convincente a favor de una gestión, control y administración fundamentados en Aprendizaje Automático en el contexto de la red 6G, una evolución que, en última instancia, puede desembocar en la automatización completa de las redes.

En el dominio de la gestión de redes, se nos presentan una variedad de problemas que pueden clasificarse en tres grandes categorías: Aprendizaje Supervisado, Aprendizaje por Refuerzo y Aprendizaje No Supervisado.

El Aprendizaje Supervisado suele aplicarse a problemas relacionados con la estimación y clasificación del tráfico, así como la predicción de la disponibilidad de recursos para la distribución de tráfico parcial. Aquí, el principal contratiempo es prever de forma proactiva la carga de tráfico de la red, identificar las aplicaciones, protocolos y tipos de calidad de servicio (QoS) asociados al tráfico, para poder llevar a cabo una ingeniería de tráfico altamente selectiva. A su vez, también involucra la adquisición de conocimientos previos sobre los requerimientos de recursos asociados con diferentes segmentos de tráfico parcial de la red, basados en la carga de tráfico anticipada.

Por otro lado, el Aprendizaje por Refuerzo se utiliza en problemas asociados con la gestión de recursos, como el desafío de incrustación de red virtual, un proceso que es ideal para el aprendizaje por refuerzo. Este consiste en la ubicación óptima de las funciones virtuales de red en la infraestructura física subyacente. Otros campos de aplicación incluyen la escalabilidad elástica de la infraestructura de red, la prevención de averías y la reversión de la configuración.

Finalmente, aunque tanto el aprendizaje supervisado como el aprendizaje por refuerzo han demostrado ser de gran importancia en la gestión de redes, existen situaciones específicas, como la optimización de la calidad de experiencia (QoE - Quality of Experience) del usuario final y la seguridad de la red, donde el Aprendizaje No Supervisado puede ser crucial.

En estas situaciones: (i) puede que simplemente no existan datos etiquetados para el entrenamiento, y (ii) la naturaleza en tiempo real de la aplicación hace que sea poco práctico esperar retroalimentación. Un ejemplo concreto de la utilidad del aprendizaje no supervisado se encuentra en los sistemas de detección de intrusiones basados en codificadores y decodificadores automáticos (autoencoders), los cuales han demostrado superar a los sistemas basados en aprendizaje supervisado.

Observamos como la Inteligencia Artificial, en particular el Aprendizaje Automático, desempeña un papel esencial en la gestión de las redes de la era 6G. Donde el concepto del plano del conocimiento, basado en el Aprendizaje Automático dentro de la red, ofrece servicios y asesoramiento a otros componentes de la red, allanando el camino hacia la automatización completa de las redes. Con las redes definidas por software (SDN) y la virtualización de funciones de red (NFV), la adquisición de datos a gran escala se ha simplificado, respaldando una gestión basada en el Aprendizaje Automático.

Es importante hacer hincapié que dentro de la gestión de redes, como se explicó, se pueden identificar tres categorías principales de problemas: Aprendizaje Supervisado, Aprendizaje por Refuerzo y Aprendizaje No Supervisado. Por lo que hay que tener siempre presente que el Aprendizaje Supervisado se aplica a la estimación, clasificación y predicción del tráfico, permitiendo una ingeniería de tráfico selectiva. El Aprendizaje por Refuerzo se emplea en la ubicación óptima de funciones virtuales de red y en la escalabilidad elástica de la infraestructura. Por otro lado, el Aprendizaje No Supervisado es crucial en situaciones donde faltan datos etiquetados, como en la optimización de la calidad de experiencia del usuario final y la seguridad de la red, siendo ejemplificado en sistemas de detección de intrusiones basados en autoencoders.

Por esto puede asegurarse que la Inteligencia Artificial y el Aprendizaje Automático están remodelando la gestión de redes, desafiando modelos convencionales y expandiendo las posibilidades en la era de la tecnología 6G. Estas tecnologías representan una intersección emocionante entre la Inteligencia Artificial y las comunicaciones inalámbricas, donde las expectativas se redefinen y se abren nuevas oportunidades de innovación en la administración de redes avanzadas.

En suma, podemos estar seguros que adquiriendo una mirada profunda de cómo la Inteligencia Artificial y el Aprendizaje Automático están revolucionando la gestión de las redes, desafiando los modelos convencionales y redefiniendo las expectativas de lo que es posible en la era de la tecnología 6G, es posible entonces poder ampliar aún más en los intricados detalles de este fascinante campo tecnológico entre la inteligencia artificial, AI, y las comunicaciones inalámbricas. Mientras las olas de la evolución tecnológica continúan rompiendo en las playas del progreso, la confluencia entre Inteligencia Artificial y 6G está labrando un futuro sin precedentes en la gestión de redes. Las herramientas del Aprendizaje Automático, adaptándose y evolucionando, se presentan como el faro que guía esta travesía. Permítanse, lectores, profundizar en los próximos capítulos, donde los misterios de este vasto océano de conocimiento se desvelan, mostrando un panorama lleno de promesas y descubrimientos.

4.4. Inteligencia Artificial en 6G:

Obstáculos y Oportunidades en la Transición desde 5G.

Durante los albores de la estandarización de la tecnología 5G, se discutieron ampliamente las posibles ventajas de la incorporación de la inteligencia artificial (AI) en esta avanzada red. Se esperaba que la AI pudiera mejorar significativamente la eficiencia del tiempo de procesamiento y la asignación de rangos espectrales de frecuencia. Los algoritmos de inteligencia artificial estaban, en teoría, capacitados para facilitar una serie de tareas que en usos convencionales se encontraban plagadas de soluciones ineficientes, como identificar anomalías en la red, asignar recursos de red y gestionar las redes de manera efectiva. Sin embargo, hasta la fecha, estas soluciones de AI aún no han sido adoptadas oficialmente en los estándares 5G a nivel global.

A pesar de este contratiempo, la importancia de identificar y resolver problemas prácticos utilizando soluciones de AI y de aprendizaje automático en áreas relevantes para la tecnología 5G es indiscutible. Si bien es probable que estos esfuerzos se tomen en consideración en el desarrollo posterior a 5G, la materialización de estas soluciones se espera que sea más concreta y generalizada en las aplicaciones de 6G.

La incorporación de una AI omnipresente en las redes de comunicación inalámbrica marcará sin duda un cambio de paradigma hacia enfoques orientados a los datos. Sin embargo, a pesar de las claras ventajas potenciales, aún persisten limitaciones técnicas sin resolver. En primer lugar, hasta la fecha, no se ha llegado a un consenso sobre qué algoritmos son más eficaces para resolver problemas comunes en las redes inalámbricas. Entre estos problemas se incluyen el diseño de esquemas de modulación y codificación, la estimación de la eficiencia de los canales y la asignación de recursos. Para lograr soluciones prácticas a estos problemas, se requiere de una precisión significativa y una menor complejidad tanto en las teorías analíticas como en los paquetes de datos prácticos.

Además, la falta de un método efectivo para establecer una comparación justa entre todas las soluciones propuestas representa otro desafío significativo. Dicha comparación se ve obstaculizada por variaciones en los conjuntos de datos seleccionados, los supuestos realizados y los criterios de evaluación aplicados. En el contexto de implementaciones realistas, se hace necesario un proceso de selección cuidadoso para identificar aquellos algoritmos que mantengan su aplicabilidad general, sin pérdida de eficacia.

En segundo lugar, la disponibilidad limitada de conjuntos de datos de alta calidad presenta un obstáculo importante para la prueba y validación de los algoritmos de clasificación o regresión propuestos. Este planteamiento subraya la necesidad de un esfuerzo concertado para generar y compartir conjuntos de datos de alta calidad en el ámbito de las comunicaciones inalámbricas. Con todas estas consideraciones se fundamenta la importancia que tiene explorar en profundidad cómo estos desafíos pueden abordarse y cómo las oportunidades presentadas por la Inteligencia Artificial pueden aprovecharse al máximo en la transición de 5G a 6G.

Analizando el futuro de la innovación tecnológica, nos encontramos en una encrucijada crítica, en la que la promesa de la Inteligencia Artificial se entrelaza con las aspiraciones del 6G, llevándonos al borde de una era dorada de las comunicaciones inalámbricas. Ahora, es imperativo abordar las dificultades con perspicacia y determinación, para desentrañar y desplegar el potencial ilimitado que la sinergia entre AI y 6G tiene reservado para nosotros. Al avanzar por estos caminos, nos decidimos por un recorrido de descubrimiento, donde cada página que volteamos revela un mosaico de posibilidades, esperando ser desvelado por mentes curiosas y visionarias. Es en este punto donde el lector es invitado a compenetrarse más profundamente, a desafiar el status quo y a ser parte activa en la configuración del futuro de las comunicaciones globales.

Capítulo 5

Las Redes del Futuro:

Cómo la Automatización, SDN y NFV están Redefiniendo las Comunicaciones Inalámbricas.

Adentrándonos en la era de las comunicaciones inalámbricas del futuro, las redes definidas por software (SDN - Software Defined Networking) y la virtualización de funciones de red (NFV - Network Functions Virtualization) se han convertido en hitos reconocidos y fundamentales que delinearon el advenimiento de la tecnología 5G. En esta travesía evolutiva, el SDN ha servido de vanguardia, permitiendo la separación radical entre las capas de datos y control. Paralelamente, el NFV se ha erigido como la herramienta de cambio que promovió la separación del software del hardware.

A raíz de la adopción de estas dos tecnologías transformadoras, SDN y NFV, las redes cableadas e inalámbricas han experimentado beneficios significativos. Esto ha conllevado a la simplificación de la gestión de la red, del despliegue de servicios, de la puesta en marcha de soluciones avanzadas de ingeniería de tráfico y de técnicas de segmentación de tráfico de red altamente selectivas. Además, ha propiciado la reducción del gasto de capital (CAPEX - Capital Expenditures) y del gasto operativo (OPEX - Operating Expenditures).

Asimismo, la "softwarización" de la red ha incentivado la comercialización de componentes clave de la red, como los switches y las estaciones base, permitiendo su implementación en hardware comercial de venta libre (COTS - Commercial Off-The-Shelf). En este contexto, la sólida comunidad de código abierto y software libre que respalda estos proyectos ha jugado un papel crucial, facilitando la participación de una gama más amplia de partes interesadas que lo que era posible anteriormente.

A medida que avanzamos, las redes continúan evolucionando a un ritmo vertiginoso. El modus operandi convencional, arraigado en la configuración manual de componentes estáticos basados en scripts, se ha quedado rezagado ante la creciente complejidad de las redes. Por lo tanto, la automatización emerge como la fuerza impulsora que construye sobre las mejoras introducidas por las SDN y las NFV.

La automatización de las redes se define entonces como el proceso de automatizar la configuración, gestión, pruebas, despliegue y operaciones de dispositivos físicos y virtuales dentro de una red. Su objetivo principal radica en acelerar la entrega de servicios de red, al tiempo que se adhieren a acuerdos de nivel de servicios (SLA - Service Level Agreement) dinámicos y estables, minimizando así la posibilidad de errores mediante la reducción de la intervención manual.

En este vasto dominio de la tecnología de la información, los esfuerzos de estandarización han llevado a la introducción de la Función de Analítica de Datos de Red (NWDAF - Network Data Analytics Function) en el plano de control, y del Servicio de la Analítica de Datos de Gestión (MDAS - Mobile Data and Analytics Service) en el plano de administración de datos. Este progreso ha mejorado las funcionalidades de recopilación y análisis de datos. Ambas funciones representan un segmento crítico de la Arquitectura Basada en Servicios (SBA - Service-Based Architecture) dentro de la tecnología 5G, lo que resalta la creciente importancia de la automatización de las redes.

Dentro de la odisea que representa la evolución de las redes inalámbricas, surgen tres pilares esenciales que conforman la espina dorsal de la automatización de redes. En primer lugar, nos encontramos con la implementación de capas de red dirigidas por datos programables y definidos por software, marcando un salto cualitativo en cómo las redes interpretan y responden a la información. En segundo lugar, se destaca la descomposición, control y administración de servicios automatizados, permitiendo una flexibilidad y adaptabilidad sin precedentes en la entrega de servicios y el mantenimiento de la red. Esta descomposición y administración se centra en detallar y mejorar aspectos concretos, como todo lo relacionado con la capa de datos y los procedimientos de segmentación de la red.

Por otro lado, emergiendo del horizonte tecnológico y asomándose como una promesa revolucionaria, encontramos a las redes autónomas. Estas no solo representan un avance, sino que se perfilan como el verdadero futuro de la automatización en comunicaciones inalámbricas. Su esencia radica en su capacidad para operar, adaptarse y optimizarse sin requerir intervención humana alguna, convirtiéndolas en el objetivo supremo de la evolución en automatización de redes.

A medida que continuamos explorando estas dimensiones, se torna evidente que SDN, NFV y la automatización no son simplemente adiciones modulares al panorama de las redes, sino más bien transformaciones fundamentales que están redefiniendo el núcleo mismo de cómo concebimos y operamos las comunicaciones inalámbricas del futuro. Las puertas están abiertas para un viaje apasionante hacia el futuro de las redes de comunicación inalámbricas. Con cada avance en SDN, NFV y automatización, nos acercamos un paso más a la promesa de la tecnología 6G. Tenemos que mantenernos atentos, porque lo que está por venir cambiará para siempre la forma en que vemos y utilizamos las redes.

Mientras nos adentramos en las siguientes páginas de este análisis tecnológico, es esencial reconocer que estamos al borde de una revolución en las comunicaciones inalámbricas, moldeada por la audacia de las innovaciones en SDN, NFV y automatización. Cada capítulo que prosigue no es solo una continuación, sino un eco de las posibilidades ilimitadas que se despliegan ante nosotros, invitándonos a investigar, cuestionar y co-crear en este reino emergente de conectividad sin precedentes. Así, mientras las siluetas del 6G comienzan a tomar forma en el horizonte, nos preparamos para encaminarnos en una odisea de aprendizaje y descubrimiento, donde cada concepto, cada innovación, nos acerca más a una era donde las redes no son solo infraestructura, sino el pulso mismo de un mundo interconectado.

5.1. El Papel de OpenFlow y P4 en la Evolución de las Redes Definidas por Software (SDN).

Las Redes Definidas por Software (SDN), indiscutiblemente, han marcado una revolución en el manejo de la infraestructura de red, pero también han planteado ciertos retos que están en continua evolución. El protocolo de comunicación que ha sido protagonista en las SDN, el OpenFlow, se ha consolidado como la "Southbound API" más empleada, es decir, como la interfaz de programación que regula la comunicación entre las capas superior e inferior en una arquitectura de red estratificada.

Esta API permite que las capas superiores manden solicitudes, comandos o datos a las capas inferiores para su procesamiento o funcionamiento, y ha jugado un papel fundamental en las redes 5G. La Southbound API: "Application Programming Interface" hacia el Sur, es decir, hacia la infraestructura de red, dirigida al control de los dispositivos de red. Es la interfaz de programación que permite a las aplicaciones o controladores comunicarse y gestionar los elementos de red o los dispositivos de red.

No obstante, OpenFlow presenta limitaciones. Su sistema de abstracción de acción de coincidencia sin estado, obstaculiza la verdadera programabilidad del plano de datos, puesto que se basa principalmente en la coincidencia estática de los campos de la cabecera. Aquí radica la necesidad de definir la programabilidad del plano de datos como una característica esencial que permita a los dispositivos, tales como los conmutadores, exponer su lógica de procesamiento de paquetes al plano de control para su completa reconfiguración.

Por este motivo, ha ganado reconocimiento el P4, un lenguaje que está reformulando el concepto de programabilidad en la red. P4, se refiere a "Programming Protocol-Independent Packet Processors", está siendo adoptado de manera creciente como "el lenguaje de programación para el plano de datos". Este lenguaje ofrece una gran versatilidad, pues soporta una amplia variedad de hardware, desde ASICs (Application-Specific Integrated Circuit) hasta CPUs de uso común, y permite al controlador especificar elementos cruciales del procesamiento de paquetes.

Además, la operación de numerosas aplicaciones se basa en el estado en tiempo real del sistema y en la capacidad del controlador para actualizar el estado de reenvío. Sin embargo, esto suele introducir una carga de latencia significativa. Por ello, han surgido investigaciones que buscan desarrollar planos de datos con estado, en los que parte de las tareas de procesamiento de paquetes y control son transferidas a los conmutadores del plano de datos. A pesar de que la programabilidad con estado ofrece grandes ventajas, también conlleva dificultades de investigación interrelacionadas. Por un lado, se requiere una definición amplia y genérica de estado, junto con abstracciones que permitan exponer este estado. Por otro lado, existe la necesidad de mecanismos de consistencia de estado y de seguridad robustos.

A medida que nos adentramos en esta inmensa marea de innovaciones que las SDN nos brindan, con pilares como OpenFlow y P4 liderando el camino, es inevitable reconocer que estamos en una encrucijada tecnológica que determinará el futuro de nuestras redes y comunicaciones. La promesa de redes verdaderamente programables, donde la precisión, adaptabilidad y flexibilidad no son solo deseos sino realidades tangibles, se perfila cada vez más clara en el horizonte. Y aunque los desafíos son innegables, también lo es el inmenso potencial que estos avances albergan. Así, en los capítulos que siguen, nos aventuramos más allá de los límites conocidos de las redes definidas por software, hacia territorios en permanente investigación, donde las soluciones a estos retos se entrecruzan con las oportunidades más impactantes. Te invito a continuar esta travesía, a ser testigo y protagonista de una revolución en la que cada nuevo descubrimiento no solo redefine nuestra comprensión de las redes, sino que nos catapulta hacia un futuro de posibilidades sin fin en el ámbito de las comunicaciones.

5.2. Superando las Limitaciones:

Segmentación de Red Automatizada y Aprendizaje Profundo.

La segmentación de red es un mecanismo que permite la provisión de servicios diferenciados en la misma infraestructura física. Este concepto, que ha despertado un gran interés de investigación en el ámbito de las comunicaciones móviles, todavía enfrenta retos significativos. Uno de ellos es que su proceso de implantación y despliegue está en gran medida impulsado por plantillas, lo que demanda una configuración manual.

En este sentido, la especificación de segmentación de red del Proyecto de Asociación de Tercera Generación (3GPP - Third Generation Partnership Project) se fundamenta en el concepto de plantillas de segmento de red (NSTs - Network Slice Templates). Una NST es un recurso que define de manera explícita las funciones de red virtual (VNFs - Virtual Network Functions) y la cadena de funciones de servicio asociadas que componen un servicio de red.

Sin embargo, este enfoque basado en primitivas de segmentación de red permite el despliegue de un número limitado de servicios de red, es decir, solo aquellos servicios para los cuales ya se ha definido previamente una plantilla. Este método resulta poco escalable debido a dos razones principales: (i) no proporciona un mecanismo para enfrentar la introducción de nuevos tipos de servicios de red, y (ii) a medida que los servicios de red se vuelven más complejos, el esfuerzo requerido para crear y mantener las plantillas puede volverse una carga operacional considerable.

En este contexto, para superar las limitaciones del modelo convencional impulsado por plantillas, se ha propuesto una estrategia innovadora basada en la descomposición automática de servicios y la sincronización de la automatización de la segmentación de red. Este enfoque, identifica tres principales actores en línea con la terminología del 3GPP, por un lado, los clientes de servicios de comunicación (CSCs - Communication Service Customers), por otro lado, los proveedores de servicios de comunicación (CSPs - Communication Service Providers), y los proveedores de servicios de infraestructura virtual (VISPs - Virtual Infrastructure Service Providers). En este esquema, los CSCs solicitan servicios de comunicación a los CSPs, quienes a su vez implementan y despliegan segmentos de red en las infraestructuras de los VISPs para proporcionar los servicios solicitados.

Como parte integral de este flujo de trabajo automatizado, los CSCs proporcionan requisitos de alto nivel, como aquellos relacionados con la latencia, rendimiento, fiabilidad, entre otros, en consonancia con el emergente paradigma de redes basadas en intención (Intent-Based Networking). Posteriormente, la solicitud del CSC se descompone automáticamente en un gráfico de reenvío de VNF (VNF-FG - VNF-forwarding graph). Aquí es donde radica uno de los puntos más destacables de esta nueva propuesta, se trata entonces, en que la asignación del servicio a VNF-FG ya no se basa en una plantilla predefinida, sino que utiliza modelos de aprendizaje profundo para extraer los requisitos de servicio y construir el VNF-FG correspondiente.

El VNF-FG resultante, específico para cada servicio, incluye los requisitos de recursos para las VNFs que lo componen, lo que permite un despliegue fluido y eficiente en la infraestructura subyacente. Una vez que el servicio ha sido desplegado, se utilizan la monitorización continua y la telemetría en tiempo real para garantizar una operación óptima. En definitiva, este nuevo enfoque promete no solo superar las limitaciones actuales de la segmentación de red, sino también sentar las bases para el futuro de las comunicaciones inalámbricas, caracterizado por la adaptabilidad, la eficiencia y la capacidad de respuesta ante las cambiantes necesidades del mercado.

5.3. Hacia una Nueva Era:

Las Redes de Gestión y Operación Automática.

Durante décadas, el operador de red ha ejercido como el protagonista principal en las operaciones de las redes de comunicación. Sin embargo, la creciente complejidad de las redes, unida al dinamismo y variabilidad intrínseca resultante de un número cada vez mayor de dispositivos conectados, ha propiciado que la gestión en tiempo real de las redes se haya tornado prácticamente inviable para los operadores humanos.

Por lo tanto, emerge una necesidad latente de transitar hacia redes de gestión y operación automáticas, también conocidas como redes autónomas o "self-driving networks". Concretamente, se espera que estas redes autoadministradas posibiliten una utilización más flexible de los recursos, una operación exenta de errores, respuestas rápidas y específicas ante incidentes de seguridad, y un manejo de servicios que sea proactivo en lugar de reactivo.

En la ambiciosa carrera hacia la automatización total de la administración de la red, una red de gestión y operación automática se caracteriza por dos propiedades clave: (i) las mediciones de la red están impulsadas por la tarea y se encuentran estrechamente integradas con el control de la red, y (ii) se recurre a análisis de datos a gran escala y modelos de aprendizaje automático para el control de la red, en lugar de los modelos cerrados de protocolos individuales.

En esencia, las redes autónomas deben ser capaces de medir, analizar y autocontrolarse de manera automatizada. Al comienzo de su funcionamiento, una red autónoma debería recibir un objetivo, intención o meta de alto nivel como entrada.

Para expandir el concepto de intenciones o metas, es pertinente diferenciar entre las intenciones imperativas y las declarativas.

Mientras que las primeras describen detalladamente cómo se debe llevar a cabo un procedimiento específico, las segundas únicamente esbozan el objetivo final sin detallar cómo se debe alcanzar el objetivo propuesto. Tomemos, por ejemplo, la instrucción "reducir el congestionamiento de la red cambiando el tráfico entrante que se origina en el nodo de ingreso 1 del equilibrador de carga 2 al equilibrador de carga 3". Esta es una intención imperativa, ya que define de manera explícita los pasos que la red debe realizar para aliviar el congestionamiento.

En contraposición, "optimizar las operaciones de la red" sería un ejemplo de intención declarativa. Sin embargo, una intención o meta declarativa verdadera del tipo descrito anteriormente resultaría extremadamente difícil de implementar en un futuro próximo. En su lugar, las intenciones semideclarativas que definen objetivos más concretos, como "minimizar el congestionamiento de la red", serían mucho más viables y útiles. Esta intención delega en la red la tarea de optimizar su operación centrando su esfuerzo en un objetivo específico, en este caso, la minimización del congestionamiento.

En función de la intención o meta recibida, se espera que la red determine: (i) qué mediciones deben realizarse, (ii) qué inferencias y aprendizaje se requieren, y (iii) qué acciones deben tomarse en respuesta a la intención de entrada. A pesar de que aún no existe una representación formal para las redes de gestión y operación automática, se han propuesto arquitecturas de alto nivel.

En este tipo de arquitectura se subraya la importancia de la adquisición de datos a gran escala, del análisis y de la deducción lógica en tiempo real, así como de los planos de datos programables.

El avance hacia las redes de gestión y operación automática, es una respuesta a la complejidad de las redes de comunicación, impulsada por la creciente cantidad de dispositivos conectados y la necesidad de una gestión en tiempo real. Estas redes automatizadas se destacan por su capacidad de medir, analizar y autocontrolarse de manera automatizada, y su enfoque se basa en intenciones o metas de alto nivel que guían su funcionamiento.

La distinción entre intenciones imperativas y declarativas juega un papel crucial en el funcionamiento de las redes autónomas, ya que algunas metas son altamente específicas en cuanto a cómo deben lograrse, mientras que otras se centran en el objetivo final sin detallar el proceso. Como se explicó, las intenciones semideclarativas, que definen objetivos más concretos pero permiten a la red determinar cómo lograrlos, son particularmente útiles en este contexto. Las redes autónomas deben ser capaces de determinar qué mediciones realizar, qué inferencias y aprendizaje aplicar, y qué acciones tomar en función de las intenciones recibidas.

A medida que avanzamos hacia estas redes autónomas, la adquisición de datos a gran escala, el análisis en tiempo real y la programación de planos de datos serán aspectos fundamentales en su arquitectura. Como hemos venido analizando, estas innovaciones son esenciales para el futuro de las comunicaciones inalámbricas, ya que permiten una mayor adaptabilidad, eficiencia y capacidad de respuesta a las cambiantes necesidades del mercado. Por lo que estas innovaciones en las redes autónomas se presentan como piezas fundamentales en el futuro de las comunicaciones inalámbricas, donde la adaptabilidad, eficiencia y la capacidad de respuesta ante las cambiantes necesidades del mercado serán de vital importancia.

Adentrarse en el apasionante universo de las redes autónomas es reconocer que nos encontramos en el umbral de una era revolucionaria. La visión de redes capaces de autogestionarse, adaptándose ágilmente a las intenciones impuestas, es mucho más que un mero avance tecnológico; es una transformación radical en cómo entendemos e interactuamos con el mundo digital. Estamos traspasando la frontera de la gestión manual y tradicional, navegando hacia horizontes donde las máquinas, fortalecidas por el análisis avanzado y la deducción lógica, podrán tomar decisiones autónomas, desafiando las limitaciones previamente establecidas. Pero, ¿hasta dónde nos llevará esta transición? ¿Cuáles son los obstáculos que aún debemos enfrentar y superar en esta travesía? En los próximos capítulos, te invito a explorar conmigo estas interrogantes, a descubrir las oportunidades y los dilemas de este emergente paisaje digital y a vislumbrar el fascinante futuro que las redes autónomas prometen moldear.

5.4. Desafíos y Perspectivas:

Moldeando las Redes de Gestión y Operación Automática.

A pesar del gran potencial y las promesas que encierran, la materialización efectiva de las redes de gestión y operación automática plantea varios retos significativos de investigación, tal como se describe a continuación.

Primero, las Definiciones Precisas de Intenciones o Metas resultan cruciales. Un buen conjunto de definiciones de intenciones o metas debe encontrar un equilibrio entre los aspectos imperativos y declarativos. Si la intención se inclina principalmente hacia lo imperativo, se diluye la esencia de la automatización. Por otro lado, si la intención es puramente declarativa, el procedimiento de automatización puede volverse innecesariamente complejo.

De ahí surge la urgencia de pautas formales que proporcionen un marco claro para las definiciones de intenciones o metas. Un marco de esta índole podría contemplar expectativas del cliente en términos de rendimiento y latencia, los objetivos de optimización de recursos a través de toda la red, además de otras funciones y servicios específicos de la aplicación que se requieran de la red.

El segundo desafío gira en torno a la Deducción Lógica Automatizada en Tiempo Real. El aprendizaje automático se presenta como una pieza vital para el proceso de toma de decisiones automatizado en las redes autónomas. Sin embargo, la investigación hasta ahora se ha centrado en gran medida en la aplicación de técnicas de aprendizaje ya existentes para el control de la red, las cuales no están especialmente adaptadas para los datos de la red, dada su naturaleza distribuida, alto volumen y rápida evolución.

El principal reto en este ámbito radica en la integración nativa de algoritmos de deducción lógica y control con la toma de decisiones y control de la red. Además, el diseño de las redes necesita evolucionar para mejorar la calidad de los datos que se introducen en los algoritmos de control. En el universo de las redes autónomas, se acepta ampliamente que la calidad de los datos (QoD - Quality of Data) sea un prerrequisito para la calidad del servicio (QoS - Quality of Service).

El tercer obstáculo a superar es la Telemetría en Banda (INT - In-band Telemetry). La investigación en esta área ha sido impulsada en gran medida por la necesidad de datos de alta calidad para el monitoreo de las redes, sin introducir sobrecarga adicional. El enfoque INT hace uso de planos de datos programables para encapsular metadatos adicionales dentro de los propios paquetes de datos. Ejemplos de estos metadatos incluyen tiempos de procesamiento de switches, niveles de ocupación del búfer, e incluso reglas de política específicas.

A medida que los paquetes atraviesan la red, van acumulando metadatos adicionales, que se pueden extraer según sea necesario, proporcionando así conjuntos precisos de datos altamente detallados sobre la red. Para este propósito, es necesario cuantificar el impacto de la telemetría INT en el rendimiento de las redes. En particular, mediciones como la relación entre la cantidad de metadatos y el tamaño del paquete, la carga adicional de procesamiento introducida y la precisión de las mediciones obtenidas son todos parámetros importantes que merecen una cuidadosa consideración.

Por lo tanto, uno de los desafíos clave en la materialización de las redes de gestión y operación automática radica en la definición precisa de intenciones o metas. Además, la deducción lógica automatizada en tiempo real es esencial, y aquí el aprendizaje automático juega un papel vital. Sin embargo, la adaptación de técnicas de aprendizaje existentes a la naturaleza distribuida y en constante evolución de los datos de la red presenta un desafío. La integración efectiva de algoritmos de deducción lógica y control en la toma de decisiones de la red es crucial para el éxito.

Por otro lado, la telemetría en banda, o INT, es otro obstáculo a superar. Este enfoque utiliza planos de datos programables para agregar metadatos a los paquetes de datos a medida que viajan a través de la red. Lo que hace que evaluar el impacto de la telemetría

INT en el rendimiento de la red sea esencial, considerando factores como la relación entre la cantidad de metadatos y el tamaño del paquete, la carga de procesamiento y la precisión de las mediciones.

Además, los desarrollos en automatización prometen transformar la forma en que concebimos y utilizamos las redes, invitando a explorar a fondo las soluciones que están en juego. Abarcar la complejidad de las redes autónomas es como participar en una odisea tecnológica, llena de retos y promesas. Estas consideraciones fundamentan la idea de que las redes autónomas prometen cambiar radicalmente la forma en que las comunicaciones y la gestión de datos se llevan a cabo en entornos digitales. Sin embargo, su implementación no es una tarea sencilla y viene cargada de desafíos y cuestiones que requieren una solución.

Definiciones precisas de intenciones o metas: Es fundamental poder establecer metas claras y definiciones precisas. Se debe encontrar un equilibrio entre lo imperativo y lo declarativo. Un enfoque demasiado imperativo puede perder las ventajas de la automatización, mientras que un enfoque puramente declarativo podría complicar innecesariamente el proceso. Es imperativo establecer pautas formales que ofrezcan un marco de trabajo sólido y coherente para definir estas intenciones, teniendo en cuenta expectativas del cliente, optimización de recursos, y especificidades de funciones y servicios.

Deducción lógica automatizada en tiempo real: Con el auge de la inteligencia artificial, el aprendizaje automático es crucial para las decisiones en redes autónomas. Sin embargo, la mayoría de las técnicas existentes no están especialmente diseñadas para los datos de red. El reto principal es la adaptación e integración de estos algoritmos en un sistema de red que está constantemente evolucionando.

Telemetría en banda (INT): Esta es una herramienta vital para garantizar la eficiencia de las redes, ya que proporciona datos precisos y detallados del tráfico y funcionamiento de la red. Sin embargo, es crucial evaluar el impacto de la telemetría INT en el rendimiento global de la red, considerando múltiples factores, como la relación metadatos-tamaño del paquete, la carga de procesamiento, entre otros.

Hay que advertir que el camino hacia la implementación exitosa de redes de gestión y operación automática no es lineal. En este sentido se requiere de precisión, adaptación y análisis constante. Sin embargo, los beneficios potenciales son enormes: redes más eficientes, adaptables y capaces de responder proactivamente a las necesidades cambiantes de los usuarios y las aplicaciones.

Estamos al borde de una revolución en las comunicaciones inalámbricas. Aunque las limitaciones son innegables, la promesa de un futuro de conectividad fluida, anticipada y adaptable es enormemente atractiva. Este viaje tecnológico nos ofrece una visión del futuro de la conectividad, un mundo donde las redes se adaptan y anticipan las necesidades del usuario.

Como pioneros en esta odisea tecnológica, es esencial mantenerse informados, adaptarse y ser audaces en la búsqueda de soluciones. El horizonte de las redes autónomas nos invita a explorar y a desafiarnos a nosotros mismos. Es una travesía empinada, pero la recompensa es un mundo digital interconectado y optimizado. Con determinación y audacia, navegaremos hacia este futuro prometedor. Ante nosotros se despliega un panorama revolucionario en el ámbito de la conectividad, donde la innovación y la transformación son imperativas.

Las redes autónomas, pese a los obstáculos y desafíos en su trayecto de implementación, auguran un horizonte donde la gestión de datos y las comunicaciones se realicen con una eficacia y adaptabilidad sin precedentes.

En esta travesía de descubrimiento y superación, somos partícipes y testigos de cómo la tecnología redefine su propio límite. La senda hacia este nuevo paradigma es intrincada, pero está repleta de posibilidades fascinantes y soluciones ingeniosas. Prepárese para participar en un viaje de descubrimientos continuos, donde cada página desvela un aspecto más de esta transformación inminente.

Capítulo 6

Sistemas de Comunicación Inalámbrica en 6G:

Desde las Microondas hasta los THz.

En el albor del siglo XXI, nos enfrentamos a una realidad de crecimiento vertiginoso y transformación en el campo de las comunicaciones inalámbricas. El colosal incremento en el número de dispositivos interconectados de manera inalámbrica, junto con una demanda que no cesa de crecer por altas velocidades de transmisión de datos inalámbricas, están causando una saturación en el espectro electromagnético.

Para sortear esta tendencia, que es la escasez de espectro y la necesidad de aumentar la capacidad de las redes inalámbricas, es imperativo explorar la comunicación en frecuencias más altas que las de las microondas; es decir, nos vemos impelidos a expandirnos desde las bandas de las ondas milimétricas (mmWave - millimeter Wave) hasta las bandas de los terahercios (THz - Terahertz).

En este contexto, la visión de cumplir con los requerimientos de velocidad de transmisión de datos, fiabilidad y escalabilidad desde las microondas hasta los THz demanda soluciones revolucionarias. Estas deben abarcar el diseño, implementación y optimización de sistemas reconfigurables, de ultra ancho de banda y con una flexibilidad y adaptabilidad en la frecuencia sin precedentes.

Tal sistema tendría la capacidad de detectar y comunicarse simultáneamente en todo el espectro electromagnético (de 1 GHz a 10 THz), y se considera un pilar fundamental para la infraestructura necesaria de cara a la próxima generación de comunicaciones inalámbricas.

Sin embargo, para convertir esta visión en una realidad tangible, se requiere la realización de contribuciones pioneras en tres áreas clave, por un lado, (i) desarrollo de nuevos dispositivos que superen las limitaciones de la tecnología CMOS (Complementary Metal-Oxide-Semiconductor), aprovechando los últimos avances en ciencia de materiales y física a escala nanométrica, además, (ii) integración heterogénea de dichos dispositivos, la cual debe ser compatible con los requisitos eléctricos, térmicos y de interferencia electromagnética EMI (Electromagnetic Interference), para permitir una reconfigurabilidad y escalabilidad en la fabricación, y (iii) se necesitarán innovadores algoritmos de detección y comunicación dinámicos en todo el espectro, que maximicen la capacidad alcanzable en las redes.

La aspiración principal de los sistemas de transmisión de ondas de radio electromagnéticas en 6G radica en establecer una detección y comunicación dinámicas en todo el espectro, desde las microondas hasta las bandas de los THz. Este salto adelante transformará radicalmente la forma en que los dispositivos inalámbricos detectan las señales, acceden a las redes troncales de servicios y comparten el espectro electromagnético.

Para lograr tal objetivo, es necesario contemplar una serie de pasos importantes que, entre otros, deben incluir (i) soluciones inteligentes de detección en todo el espectro, (ii) diseño e implementación de hardware de transceptor, y (iii) optimización de la eficiencia espectral y energética, así como una gestión eficaz de los recursos tecnológicos disponibles. A día de hoy, los estudios en esta área ya están dando sus frutos, logrando parte de este gran objetivo al desarrollar la detección dinámica del espectro y las comunicaciones multibanda en diferentes rangos de frecuencia. La esperanza radica en que estas investigaciones inspiren soluciones avanzadas que permitan hacer realidad las comunicaciones en todo el espectro, marcando el inicio de una nueva era en las comunicaciones inalámbricas.

6.1. El Futuro de la Convergencia Tecnológica:

Microondas, Radio Frecuencia Cognitiva y Terahercios.

En el panorama reciente de las comunicaciones inalámbricas, un fenómeno notable es la concentración de esfuerzos de investigación en las capas física y de enlace. Este enfoque ha propiciado avances significativos en la región de las frecuencias de microondas para la implementación de sistemas de radio frecuencia cognitivas individuales (CR - Cognitive Radios). En estas, la aspiración no es otra que establecer auténticas sociedades autorreguladas en las comunicaciones inalámbricas, que operen con equidad y alta eficiencia.

Estas novedosas tecnologías actúan como piedra angular para la convergencia sin fisuras hacia el desarrollo de redes inalámbricas heterogéneas. En ellas, los sistemas de radio frecuencia, microondas y THz tomarían decisiones inteligentes para maximizar la calidad de la experiencia de los nuevos servicios destinados a los usuarios finales. Aquí, la palabra "inteligentes" toma un significado especial, ya que refiere a la habilidad de auto-regular, adaptar y optimizar las operaciones de red sin intervención humana directa.

Enfrentamos un desafío considerable al tratar de avanzar más allá de estos logros. La meta es desarrollar técnicas innovadoras de detección de espectro y de comunicación y optimización de la red. Con ellas, se aspira a deducir e inferir la información obtenida de la detección, aplicando el acceso dinámico a todos los recursos espectrales disponibles.

En este entorno, visualizamos el desarrollo de un sistema casi consciente, capaz de inferir y deducir lógicamente el estado de la red inalámbrica. Lo cual, se lograría explorando todo el espectro presente y agilizando la obtención del conocimiento automático del rango de frecuencias, que va desde las microondas hasta las bandas de los THz.

Para conseguir esto, se están creando algoritmos enfocados en ampliar las funcionalidades de exploración de los protocolos de control de todas las capas, pero especialmente de la física. Por esta razón, es imprescindible que la inteligencia artificial y los algoritmos de aprendizaje asociados sean investigados y mejorados. El objetivo final es lograr un compartimiento eficiente del espectro dinámico con un costo mínimo en la generación de interferencia.

Es evidente que las técnicas desarrolladas deberían explotar al máximo las capacidades de los enlaces troncales frontales híbridos. Esto implica abordar tanto el diseño de transceptores multibanda como las soluciones para la administración de todos los recursos tecnológicos disponibles. Así, se logrará una red inalámbrica optimizada y verdaderamente eficiente que satisfaga las crecientes demandas de la comunicación moderna.

Inevitablemente el panorama de las comunicaciones inalámbricas avanza hacia una convergencia tecnológica prometedora, donde las frecuencias de microondas, la radio frecuencia cognitiva y los terahercios desempeñan un papel central. La visión de sociedades autorreguladas en las comunicaciones inalámbricas está en pleno desarrollo, buscando operar con equidad y alta eficiencia. La promesa de sistemas casi conscientes que exploran todo el espectro de frecuencias, deducen el estado de la red y optimizan el uso de recursos es el próximo desafío. Para ello, la investigación en inteligencia artificial y algoritmos de aprendizaje es fundamental. La optimización de las redes inalámbricas para satisfacer las crecientes demandas de la comunicación moderna está a la vuelta de la esquina, invitando a adentrarse aún más en las posibilidades que este emocionante futuro promete.

6.2. Acelerando la Implementación de la Tecnología 6G:

Una Mirada a las Técnicas Avanzadas y a los Materiales del Futuro.

Para forjar el camino del éxito en el diseño de transceptores multibanda, se requiere una elección óptima de materiales y dispositivos que puedan habilitar las comunicaciones a lo largo de todo el espectro disponible. A pesar de que las soluciones existentes se apoyan significativamente en la tecnología CMOS (Complementary Metal-Oxide-Semiconductor) para operaciones multibanda, tal enfoque solo resulta efectivo en bandas muy selectivas. En un escenario adicionalmente complejo, encontramos que las soluciones basadas sólo en la tecnología de radio definida por software (Software-Defined Radio - SDR) generan un alto consumo de energía y una considerable huella de carbono, consumiendo varios vatios de potencia de operación.

Frente a este escenario, emerge la necesidad de buscar enfoques innovadores. Algunos de ellos podrían basarse en metamateriales, interruptores de sistemas micro electromecánicos (Micro electromechanical Systems - MEMS) e, idealmente, interruptores de sistemas nano-electro-mecánicos (Nanoelectromechanical Systems - NEMS) para implementar enlaces troncales frontales híbridos. Estos últimos, serían capaces de detectar simultáneamente el espectro electromagnético, identificar la mejor banda de frecuencia disponible y comunicarse a través de ella, en rangos que pueden ir desde 1 GHz hasta unos 10 THz.

Añadiendo una capa adicional de complejidad, pero también de capacidad operativa, los algoritmos de aprendizaje profundo en constante evolución se perfilan como una solución eficiente para identificar el espectro disponible, sintonizar canales y ajustar los niveles de potencia de las señales electromagnéticas.

Para materializar esta visión de futuro, es esencial desplegar nuevas técnicas en materiales y dispositivos, integración y empaquetado, y detección del espectro y comunicación. En las bandas de frecuencia de RF y microondas, la conjunción de tecnología CMOS madura y de bajo riesgo, con tecnologías potencialmente transformadoras menos maduras, como es uso de láseres de cascada cuántica (Quantum Cascade Lasers - QCLs) y nuevas tecnologías plasmónicas basadas en grafeno y otros materiales 2D, serán capaces de proporcionar afinidades óptimas, así como un alto factor de calidad Q.

El desafío de la integración heterogénea de dispositivos discretos para los enlaces troncales frontales totalmente funcionales requerirá innovación para cumplir con los requisitos de compatibilidad de materiales, protección contra las interferencias electromagnéticas (EMI), disipación térmica y escalabilidad. Por otro lado, los metamateriales y nanomateriales ya están disponibles para ser desplegados en las bandas de los sub-THz y THz, apoyándose en avances recientes en nanotubos y grafeno, así como en otros semiconductores monoatómicos.

La codificación espacio-tiempo-frecuencia en metasuperficies permitirá también un acceso a radio frecuencias programables y sintonizables en las ondas milimétricas (mmWaves). En este contexto, el control óptimo de los enlaces troncales frontales requiere técnicas innovadoras capaces de detectar, utilizar y compartir todo el espectro. Esto será posible usando nuevos diseños de modulación de las ondas electromagnéticas, aplicando desarrollos jerárquicos que maximicen la capacidad y la distancia de alcance de los sistemas de ultra banda ancha, que generen soluciones de redes escalables capaces de soportar la densidad de nodos prevista para los futuros sistemas ciberfísicos.

En nuestros análisis se aprecia que en la búsqueda de implementar tecnología 6G de manera eficiente y sostenible, es evidente que las soluciones tradicionales basadas en tecnología CMOS y en tecnología SDR tienen limitaciones en términos de espectro y eficiencia energética. Para abordar este desafío, se proponen innovaciones que involucran materiales avanzados como metamateriales, el uso de tecnologías MEMS, NEMS, láseres de cascada cuántica, grafeno y otros materiales 2D. Estas tecnologías emergentes como explicamos, tienen el potencial de ofrecer un mayor rango de frecuencias de operación y una mayor eficiencia, lo que es fundamental para lograr una implementación exitosa de 6G.

Además, sin lugar a dudas en base a nuestro análisis, la integración de dispositivos heterogéneos y la codificación espacio-tiempo-frecuencia en metasuperficies son aspectos clave para maximizar la capacidad y el alcance de los sistemas de ultra banda ancha en las futuras redes ciberfísicas. Estos avances en el diseño de modulación de ondas electromagnéticas y en la gestión del espectro serán esenciales para crear sistemas de comunicación escalables capaces de satisfacer las demandas de las aplicaciones 6G. Por lo que, la combinación de materiales avanzados y técnicas innovadoras en la tecnología 6G promete revolucionar la forma en que se gestionan y operan las redes de comunicación, abriendo nuevas posibilidades en términos de espectro y eficiencia.

La sinergia entre una serie de técnicas vanguardistas puede ser determinante para acelerar la implementación de estas tecnologías. Aquí destacan, entre otras, la utilización de todo el espectro, el logro de velocidades de transmisión de datos con enlaces operando en los terabits por segundo, y la capacidad de controlar un universo de usuarios de la red con miles de millones de dispositivos inalámbricos interconectados. Sin duda, el dominio de estas tecnologías permitirá un amplio uso de aplicaciones en los campos de los usuarios finales en general, en el ámbito militar, en el campo industrial y en el área médica, apoyándose en arquitecturas de red transformadoras diseñadas para satisfacer las demandas de escalabilidad en los futuros sistemas de comunicaciones inalámbricos.

6.3. Hacia una Operación Multibanda Dinámica:

Las Ventajas de los Reflectarray Plasmónicos y las Antenas Reconfigurables.

El éxito de cualquier diseño de transceptores multibanda se centra en la elección óptima de materiales y dispositivos que habiliten comunicaciones efectivas a través del espectro completo de frecuencias. Las soluciones existentes se apoyan, en gran medida, en la tecnología CMOS (Complementary Metal-Oxide-Semiconductor), pero este enfoque solo proporciona resultados efectivos en bandas selectivas.

Más aún, las soluciones de radio definida por software (Software-Defined Radio, SDR) presentan una alta demanda energética y generan una considerable huella de carbono. Como alternativa, debemos explorar enfoques innovadores que hagan uso de metamateriales, interruptores MEMS (Microelectromechanical Systems) y, en última instancia, interruptores de sistemas nano electromecánicos (Nanoelectromechanical Systems, NEMS).

Estas tecnologías permiten la implementación de enlaces frontales híbridos que, gracias a su capacidad para detectar simultáneamente todo el espectro electromagnético, pueden identificar y comunicarse a través de la mejor banda de frecuencia disponible, en rangos que van desde 1 GHz hasta los 10 THz. Los algoritmos de aprendizaje profundo, en constante evolución, se presentan como una solución eficiente para identificar el espectro disponible, sintonizar canales y ajustar los niveles de potencia de las señales electromagnéticas.

Hacer realidad esta visión demanda nuevas técnicas en múltiples áreas, entre las que se incluyen los materiales y dispositivos, la integración y empaquetado, y la detección del espectro y la comunicación. En las bandas de frecuencia de RF y microondas, una combinación de tecnología CMOS madura de bajo riesgo, con tecnologías potencialmente transformadoras menos maduras, como los láseres de cascada cuántica y nuevas tecnologías plasmónicas de grafeno, proporcionarían afinidades óptimas de elevada calidad.

Aquí es importante aclarar que los semiconductores monoatómicos son materiales que consisten en una sola capa atómica de átomos dispuestos en una estructura bidimensional. Estos materiales son parte de una clase de materiales conocida como materiales bidimensionales (2D), donde su grosor se reduce a solo un átomo o una molécula.

La propiedad clave que los distingue como "semiconductores" es su capacidad para conducir electricidad de manera intermedia entre un conductor (como los metales) y un aislante (como los materiales no conductores). En un semiconductor monoatómico, los electrones pueden moverse dentro de la capa atómica, lo que permite la conducción de la electricidad, aunque esta conductividad es más limitada en comparación con los conductores tradicionales.

El grafeno es un ejemplo bien conocido de un semiconductor monoatómico, y es una capa bidimensional de átomos de carbono dispuestos en una estructura hexagonal. El grafeno ha sido objeto de intensa investigación debido a sus propiedades excepcionales, como una alta conductividad eléctrica, resistencia mecánica, flexibilidad y transparencia.

Los semiconductores monoatómicos tienen un enorme potencial para aplicaciones en dispositivos electrónicos, sensores, fotodetectores y otras tecnologías emergentes. Debido a su tamaño extremadamente delgado y propiedades únicas, ofrecen oportunidades indispensables para el desarrollo de componentes electrónicos más pequeños y eficientes. Sin embargo, todavía existen limitaciones significativas en la fabricación y manipulación de estos materiales en cantidades prácticas para aplicaciones industriales, lo que continúa siendo objeto de investigación en la comunidad científica.

Continuando, se observa que la codificación espacio, tiempo, frecuencia en metasuperficies también permitirá por otro lado, un acceso a radio frecuencias programables y sintonizables en las mmWaves. En este sentido, el control óptimo de los enlaces frontales requiere técnicas innovadoras capaces de detectar, utilizar y compartir todo el espectro.

Esto será posible usando nuevos diseños de modulación de las ondas electromagnéticas, aplicando desarrollos jerárquicos que maximicen la capacidad y la distancia de alcance de los sistemas de ultra banda ancha y creen soluciones de redes escalables capaces de soportar la densidad de nodos prevista para los futuros sistemas de comunicaciones móviles.

En términos de diseño de hardware, los arreglos reflectores, o reflectarray plasmónicos, se pueden desplegar en el medio de propagación 3D, con un tamaño que puede variar entre 1 mm^2 a unos 100 mm^2 dependiendo de la frecuencia de operación, que puede ir desde las mmWave a la banda de los THz. Debido al tamaño cercano a la longitud de onda de los elementos constitutivos, los reflectarray plasmónicos pueden reflejar señales de manera no convencional, que incluyen reflexiones controladas en direcciones no reflectantes, así como reflexiones con conversión de polarización.

Para adaptarse a la operación de frecuencia dinámica, y lograr varios niveles de directividad asignando múltiples haces electromagnéticos, la apertura de la antena reflectarray plasmónica puede ser controlada mecánicamente a través de pliegues, divisiones, o combinaciones en un espacio 3D. La tecnología existente que utiliza antenas origami funciona bien en sistemas que utilizan una sola antena metálica.

Las antenas origami son antenas plegables y flexibles inspiradas en el arte japonés del plegado de papel, que ofrecen una solución compacta y portátil para las necesidades de comunicación inalámbrica en diversos dispositivos y sistemas. Sin embargo, para lograr arreglos de antenas de apertura continua reconfigurables, los reflectarray plasmónicos ofrecen un mayor grado de libertad con su capacidad de presentar una distribución de elementos individuales.

Además, se prevén arreglos de antenas reconfigurables controladas electrónicamente aprovechando la sintonización de antenas plasmónicas. En particular, una de las propiedades relevantes de las nanoantenas plasmónicas basadas en grafeno es la posibilidad de cambiar la frecuencia de resonancia utilizando un pequeño voltaje para modificar la energía del nivel de Fermi del grafeno.

Vemos entonces como en la búsqueda de implementar tecnología 6G con eficiencia y versatilidad en las comunicaciones, se exploran soluciones avanzadas que aborden los desafíos actuales. Por lo que se destaca el papel clave de los materiales y dispositivos innovadores, como los metamateriales, los interruptores MEMS y NEMS, y las nanoantenas plasmónicas basadas en grafeno, para habilitar la comunicación a lo largo de un amplio espectro de frecuencias, desde 1 GHz hasta 10 THz.

Se tiene que considerar, como hemos explicado que el control óptimo de los enlaces troncales se convierte en un enfoque esencial, y se exploran técnicas innovadoras para aprovechar todo el espectro electromagnético y crear sistemas de ultra banda ancha. Además, se plantea una perspectiva interesante sobre las antenas reconfigurables y sus aplicaciones en la tecnología 6G, incluyendo, como se ha explicado, antenas origami y arreglos de antenas controladas electrónicamente.

También existe la posibilidad de sintonizar una antena o grupos de antenas, a diferentes frecuencias sin ninguna modificación mecánica, lo que permite el conformado de haces electromagnéticos no solo en el espacio, sino también en las frecuencias, en contraposición con otros arreglos de antenas multibanda que utilizan tecnología MEMS o NEMS para crear estructuras tipo origami. Esto establece un nuevo paradigma para las comunicaciones de la sexta generación, que seguramente impactará de manera significativa en la configuración de la arquitectura de las redes inalámbricas futuras.

6.4. Innovación en la Conquista del Espectro:

Un Futuro Híbrido de Ultra Ancho de Banda.

En la frontera de las comunicaciones inalámbricas se encuentra el horizonte de crear un enlace troncal frontal híbrido, integrado y de ultra ancho de banda. Esta meta, que por su naturaleza parece monumental, comprende la capacidad de detectar y comunicarse a través de un espectro de frecuencias que va desde las bandas de microondas hasta las bandas de los THz, cubriendo distancias que oscilan entre unos pocos metros hasta cientos de ellos.

Es crucial comprender que la implementación exitosa de estos enlaces representa un obstáculo significativo, un hito en el campo de las comunicaciones inalámbricas, que obliga a superar múltiples desafíos en diferentes disciplinas. Primero, es imprescindible avanzar en el desarrollo de nuevas tecnologías de dispositivos para cerrar la brecha de los THz. Esta tarea implica empujar los límites de la ciencia y la ingeniería de materiales para descubrir y perfeccionar los compuestos que puedan funcionar eficazmente en estas frecuencias altísimas.

En segundo lugar, debemos trascender en el diseño e integración de circuitos reprogramables y antenas que puedan soportar operaciones en todo el rango espectral. Este objetivo pone de manifiesto la importancia de desarrollar soluciones de hardware innovador y flexible que se puedan adaptar a las cambiantes demandas de las redes y del espectro.

En tercer lugar, el desafío de desarrollar nuevas técnicas de integración y empaquetado de materiales es imperativo para satisfacer los requerimientos eléctricos y térmicos y minimizar las interferencias de la radiación electromagnética, también conocidas como EMI (Electromagnetic Interference). La exploración de nuevas formas de encapsular y proteger nuestros dispositivos de comunicación, conservando la eficiencia y la eficacia, es esencial para garantizar un rendimiento óptimo.

Por último, pero no menos importante, necesitamos crear comunicaciones de todo el espectro escalables utilizando los enlaces troncales frontales. La futura proliferación de dispositivos interconectados en la era del Internet de las Cosas (IoT, Internet of Things) impone la necesidad de una red que pueda soportar este crecimiento exponencial. La integración exitosa de estas tecnologías permitirá un uso más extenso y variado de las aplicaciones inalámbricas en una amplia gama de campos, desde lo industrial hasta lo personal.

Por lo expuesto percibimos sin dudar, que la conquista de este panorama de incertidumbres tecnológicas representa un paso crítico en la marcha hacia la revolución de las comunicaciones inalámbricas 6G. No obstante, estos obstáculos, aunque considerables, no son insuperables. La innovación constante, la resolución de problemas y la colaboración entre varias disciplinas continuarán impulsando los límites de lo posible.

Con una mirada hacia el futuro, podemos prever un mundo donde la comunicación sea fluida, eficiente y ubicua, gracias a los avances en los enlaces troncales frontales y la integración de tecnologías de vanguardia. A medida que avanzamos hacia esta nueva era de las comunicaciones, nuestra capacidad para superar estos desafíos será el testimonio más significativo de nuestra persistencia, innovación y compromiso con la mejora continua. Por ende, el futuro de la comunicación inalámbrica es, en efecto, muy alentador.

El alcance de este vasto espectro de comunicación es, sin lugar a dudas, una hazaña que promete transformar no solo la manera en que transmitimos y recibimos datos, sino también cómo interactuamos con el mundo que nos rodea. Imaginemos un futuro en el que las comunicaciones traspasen las barreras convencionales, ofreciendo una conectividad sin fisuras en entornos previamente inaccesibles, desde instalaciones subacuáticas hasta estaciones espaciales orbitando en el espacio lejano.

No debemos olvidar la multiplicidad de aplicaciones que esto podría desbloquear. Más allá de los usos cotidianos, estamos hablando de una revolución en campos como la medicina, donde la telesalud y las cirugías a distancia podrían beneficiarse de conexiones más rápidas y estables, o en la educación, donde el acceso a recursos digitales de aprendizaje en tiempo real puede democratizarse aún más. Además, la exploración del ultra ancho de banda permitiría aventurarnos en aplicaciones que hoy en día ni siquiera hemos comenzado a imaginar.

Sin embargo, con grandes avances también vienen grandes responsabilidades. Será vital garantizar que estas tecnologías se implementen de manera ética y sostenible. Esto significa que, mientras continuamos innovando, también debemos abordar preocupaciones relativas a la seguridad, privacidad y equidad en el acceso. La gestión adecuada del espectro, para evitar la saturación y garantizar que todos tengan oportunidades iguales de conectividad, será esencial en esta nueva era.

Por lo expuesto, nos encontramos al borde de una metamorfosis en la forma en que concebimos y usamos las comunicaciones inalámbricas. El ultra ancho de banda es solo la punta del iceberg en esta ola de innovación que nos espera. Pero para alcanzar este futuro prometedor, la colaboración interdisciplinaria, el compromiso con la ética y una visión de futuro clara serán nuestros más fieles aliados. La próxima década promete ser una era dorada para las comunicaciones, y cada uno de nosotros tiene un papel en este estimulador recorrido hacia lo desconocido.

Ante nosotros yace una serie de avances tecnológicos sin precedentes, donde el dominio del ultra ancho de banda determinará el ritmo de nuestras futuras interacciones digitales. Cada tarea planteada se transforma en un peldaño que nos eleva hacia la cúspide de la innovación. En este peregrinaje de descubrimientos y desarrollos, penetraremos en territorios inexplorados del espectro electromagnético. ¿Estás listo para introducirte en las profundidades de la próxima ola de comunicaciones? Lo que viene a continuación, promete ser aún más revelador.

Capítulo 7

El Futuro del IoT:

Comunicación Ambiental por Retrodispersión en la Era del 6G.

$\mathbf{D}$entro del fascinante mundo del Internet de las Cosas (IoT), se prevé que los sensores, esas entidades laboriosas pero invisibles, actúen en una diversidad de escenarios manteniendo una durabilidad excepcional de su batería. Innovaciones como la Identificación por Radiofrecuencia (RFID) están ganando terreno con eficacia, aprovechando la avanzada técnica de retrodispersión para modular y reflejar señales de radio, en vez de producirlas. Este enfoque, tanto eficaz como eficiente, representa un paso significativo en la administración del consumo de energía eléctrica.

No obstante, es crucial destacar que las soluciones de retrodispersión moduladas actualmente disponibles imponen requisitos estrictos. Específicamente, estos giran en torno a la proximidad necesaria entre el transmisor de retrodispersión y la fuente de radiofrecuencia, debido a la inevitable atenuación que sufre la señal al propagarse a lo largo de distancias largas. Además, estos transmisores de retrodispersión modulados presentan una naturaleza pasiva, lo que significa que no pueden transmitir datos a menos que los receptores de retrodispersión inicien las solicitudes.

Sumado a esto, el fenómeno de la auto-interferencia puede presentarse cuando el receptor de retrodispersión y las fuentes de radiofrecuencia se encuentran en cercana proximidad.

Por lo tanto, para alcanzar una eficiencia energética superior, un grado más alto de flexibilidad y escalabilidad, la red IoT en la era de la sexta generación de telecomunicaciones móviles (6G) demanda la implementación de nuevas y creativas soluciones.

Ahora bien, nos encontramos en un punto de inflexión en la historia de la conectividad. Con la presencia creciente de celdas celulares pequeñas desplegadas en áreas exteriores y un aumento en la cantidad de puntos de acceso en espacios interiores, las señales de radiofrecuencia han comenzado a cubrir una gama cada vez más amplia de entornos. Estas pueden ser consideradas, en efecto, como un valioso recurso a utilizar en enlaces secundarios de radiofrecuencia y microondas, todo sin requerir un aporte energético adicional.

Aquí es donde emerge el fascinante concepto de "sistema de comunicación ambiental por retrodispersión". En este innovador modelo, los transmisores son capaces de recolectar las ondas electromagnéticas continuas y omnipresentes irradiadas por estructuras tan cotidianas como las torres de televisión, las estaciones base e incluso los puntos de acceso a los enlaces troncales. Con la ayuda de circuitos simples, estas señales son moduladas y luego reflejadas hacia los receptores. Lo más impresionante de este enfoque es que estos transceptores de retrodispersión ambiental no necesitan un espectro de bandas dedicado para operar, ni tampoco componentes electrónicos complejos para procesar las señales, como, por ejemplo, los Convertidores Analógico-Digitales (ADC - Analog-to-Digital Converter).

Esta visión de futuro marca el inicio de nuestra travesía por la avanzada tecnología 6G. A través de los próximos tópicos que trataremos, examinaremos más detalladamente cada uno de estos conceptos y exploraremos cómo la comunicación ambiental por retrodispersión promete redefinir el panorama del IoT. Embarquémonos en este apasionante viaje a través del futuro inmediato de las comunicaciones digitales.

7.1. Reflejos de Futuro:

Comprendiendo las Arquitecturas de la Comunicación por Retrodispersión.

$\mathbf{P}$or regla general, tal como lo sugiere su denominación, los sistemas de comunicación por retrodispersión reflejan las señales que inciden en un transmisor de retrodispersión hacia el punto de origen de dichas señales. Sin embargo, no se trata de un proceso perfecto de reflexión óptica. En efecto, las señales se dispersan dentro de un cierto ángulo del entorno, delineando un rango angular específico. Así, un receptor de comunicación por retrodispersión dentro de su radio de operación es capaz de recoger las señales electromagnéticas circundantes. Es importante subrayar que las comunicaciones por retrodispersión se presentan en tres variantes esenciales en términos de arquitectura: las comunicaciones por retrodispersión monostáticas, bistáticas y las ambientales.

En el mundo de las comunicaciones, un enfoque de comunicación por retrodispersión ampliamente adoptado en aplicaciones prácticas es la consagrada tecnología de Identificación por Radiofrecuencia (RFID - Radio Frequency Identification). En este esquema, los sistemas de comunicación por retrodispersión monostáticos poseen una configuración notablemente sencilla, consistiendo únicamente en un transmisor de retrodispersión y un lector. El lector está equipado tanto con una fuente de señal de radiofrecuencia como con un receptor de retrodispersión, incluyendo un conmutador para alternar el modo de operación.

Una vez que el receptor envía una solicitud, la fuente de radiofrecuencia activa el transmisor de retrodispersión, que a su vez modula y refleja las ondas electromagnéticas incidentes en él, de vuelta al receptor. Tal diseño se emplea principalmente en aplicaciones de la tecnología RFID de corto alcance. Sin embargo, se deben considerar dos desventajas inherentes a la arquitectura de comunicación por retrodispersión monostática, se trata por un lado que, (i) el lector no puede realizar comunicación dúplex completa debido al mecanismo de conmutación, y (ii) las señales experimentan pérdidas en el trayecto de propagación de ida y vuelta al ser enviadas desde el lector al transmisor y luego reflejadas de vuelta al lector.

En contraste, en la arquitectura de comunicación por retrodispersión bistática, la fuente de microondas y el receptor están separados. Esta disposición otorga una mayor flexibilidad en el dominio espacial. Con múltiples fuentes de microondas y transmisores de retrodispersión estratégicamente ubicados, el rango de servicio puede ser notablemente ampliado en comparación con el escenario de retrodispersión monostática. Pese a este avance significativo, los sistemas de comunicación por retrodispersión bistática presentan un mayor coste operativo en redes reales, dado que exigen una óptima ubicación de las fuentes de microondas y los transmisores para alcanzar el rendimiento deseado. La mayoría de las veces, esta condición puede resultar difícil de cumplir, especialmente en un entorno de red complejo, como podría ser un espacio de oficina interior o escenarios urbanos densos.

Ya hemos pues descubierto que el mundo de las comunicaciones por retrodispersión se despliega ante nosotros en sus diversas arquitecturas, cada una con sus ventajas y desafíos. Desde la simplicidad de la comunicación por retrodispersión monostática en aplicaciones de RFID de corto alcance hasta la mayor flexibilidad de la arquitectura bistática, donde múltiples fuentes y transmisores se coordinan estratégicamente. A medida que exploramos estas variaciones, descubrimos cómo la elección de la arquitectura adecuada puede afectar el rendimiento y la eficiencia en el mundo real. La búsqueda de soluciones y el entendimiento de estas arquitecturas prometen descubrimientos excitantes en el campo de las comunicaciones, motivando al lector a adentrarse aún más en esta fascinante área.

7.2. Del Monostático al Ambiental:

Evolución de la Comunicación por

Retrodispersión.

$\mathbf{A}$ diferencia del dispositivo de retrodispersión monostática, donde los componentes de transmisión y recepción están ubicados por separado y la fuente de microondas se encuentra en el receptor, los dispositivos de sistemas de comunicación ambiental por retrodispersión integran tanto el transmisor como el receptor. Además, contrariamente a las comunicaciones de retrodispersión bistáticas, las comunicaciones de retrodispersión ambiental no requieren fuentes de microondas dedicadas para proporcionar servicios exclusivos. Esta particularidad puede reducir significativamente los gastos de infraestructura y mantenimiento, haciendo de las comunicaciones ambientales por retrodispersión la solución más eficiente en términos de energía para los sensores en la red de Internet de las Cosas (IoT - Internet of Things) en la era del 6G.

En cuanto al diseño del transmisor de retrodispersión ambiental, un simple conmutador compuesto por un transistor conectado a una antena puede usarse para modular la impedancia característica de la antena. Aquí, un desajuste de impedancia característica indica un modo de reflexión de las señales incidentes, mientras que una impedancia que coincide con la impedancia característica permite que la señal sea absorbida por la antena. El consumo de energía de tal modulación de 1 bit de señales es prácticamente mínimo. Por el lado del receptor, al demodular la secuencia recibida de "1" y "0", las señales pueden ser recuperadas con éxito.

Sin embargo, cabe destacar que, dado que las señales reflejadas desde el ambiente de propagación ya contienen información codificada del sistema de la fuente de microondas (por ejemplo, redes celulares o de televisión), el diseño del receptor debe considerar cómo extraer las señales de retrodispersión de la mezcla. Este punto es crucial para garantizar la eficacia de la comunicación.

Todos estos análisis muestran como la evolución de la comunicación por retrodispersión hacia los sistemas de comunicación ambiental por retrodispersión representa un cambio significativo en la eficiencia y flexibilidad de las redes IoT en la era del 6G. A diferencia de los dispositivos monostáticos y bistáticos, como hemos revisado, los dispositivos de retrodispersión ambiental integran transmisor y receptor, lo que disminuye los costos de infraestructura y mantenimiento. Además, el diseño sencillo del transmisor y la capacidad de operar en diversas bandas de frecuencia, desde Bluetooth hasta WiFi, hacen que la retrodispersión ambiental sea una opción prometedora y versátil. Estas características hacen que las comunicaciones ambientales por retrodispersión sean una solución energéticamente eficiente y versátil para el Internet de las Cosas en la era 6G.

Además de la simplicidad en la implementación del transceptor, las comunicaciones ambientales por retrodispersión no están restringidas a una operación de banda única. De hecho, los transceptores de retrodispersión ambiental pueden operar en el amplio rango de bandas de súper alta frecuencia (SHF - Super High Frequency), que abarca tecnologías tan dispares como Bluetooth, Wi-Fi, y otras bandas. Esta flexibilidad añade otra dimensión de versatilidad a la retrodispersión ambiental, haciéndola una opción prometedora para la evolución futura de las redes del IoT en el entorno 6G.

Mientras nos introducirnos en las profundidades de la revolución tecnológica del 6G, es imposible ignorar el potencial transformador de la retrodispersión ambiental. Su capacidad para fusionar eficiencia, versatilidad y simplicidad promete redefinir nuestra percepción de las comunicaciones. ¿Te imaginas un mundo donde cada dispositivo, cada señal, cada interacción esté optimizada al máximo nivel posible? Esa visión ya no es una mera fantasía. Así que, prepárate, porque lo que viene es la redefinición completa del paisaje comunicativo. ¡Adelante, aventúrate en este desandar tecnológico con nosotros!

7.3. Optimización y Estandarización:

Superando las Barreras de la Comunicación por Retrodispersión.

En la búsqueda de la eficiencia espectral y energética, la investigación y el desarrollo de las comunicaciones inalámbricas por retrodispersión se encuentran todavía en su etapa inicial. Como se mencionó anteriormente, una planificación meticulosa de los dispositivos de retrodispersión es vital para lograr un desempeño óptimo. Sin embargo, debido a la aleatoriedad en la implementación de los dispositivos del Internet de las Cosas (IoT - Internet of Things), las soluciones actuales aún dejan mucho que desear en términos de la eficiencia espectral anhelada.

Para ser más específicos, los dispositivos IoT situados aleatoriamente deben aprovechar los enlaces de retrodispersión inalámbrica para alcanzar un rendimiento satisfactorio, manteniendo a la vez una distancia de transmisión extendida. Además, aunque los dispositivos individuales de comunicación por retrodispersión muestran una notable eficiencia energética, una red IoT que abarca cientos o incluso miles de dichos dispositivos todavía puede necesitar optimización a nivel de sistema para garantizar la eficiencia energética en toda la red.

En cuanto al diseño de protocolos, los sistemas de comunicación por retrodispersión ambiental actuales se utilizan principalmente para fines específicos de aplicaciones dedicadas, y por tanto, carecen de una compatibilidad adecuada con otros sistemas de comunicación inalámbrica. Esto pone de manifiesto la necesidad de estandarización y diseño de protocolos para formalizar aspectos clave de operación y gestión de las comunicaciones de retrodispersión inalámbrica.

Como se ha analizado, la comunicación por retrodispersión inalámbrica muestra un gran potencial en términos de eficiencia espectral y energética, pero todavía enfrenta desafíos significativos en su implementación y optimización. Hemos discutido como la aleatoriedad en la ubicación de los dispositivos IoT y la necesidad de mantener distancias de transmisión extendidas plantean desafíos para lograr un rendimiento satisfactorio en toda la red. Además, se explicó que la falta de estandarización y diseño de protocolos adecuados dificulta la interoperabilidad con otros sistemas de comunicación inalámbrica. Por lo que la estandarización y la formalización de aspectos clave de operación y gestión son esenciales para impulsar el desarrollo sistemático de las tecnologías de retrodispersión en el contexto del 6G, lo que permitirá que esta tecnología desempeñe un papel fundamental en los avances tecnológicos del IoT en la era 6G.

Tales aspectos podrían incluir el tamaño de los paquetes de datos, los protocolos de enrutamiento y otras características de la red. La estandarización no sólo mejoraría la interoperabilidad entre distintos sistemas, sino que también sentaría las bases para un desarrollo y una implementación más sistemática de las tecnologías de retrodispersión en el contexto del 6G y viendo el futuro. Esto permitiría que la retrodispersión juegue un papel cada vez más importante en la conformación de los nuevos avances tecnológicos del IoT en la era del 6G.

Alcanzamos entonces, un punto crucial de nuestra travesía tecnológica. A medida que se despliegan los tentáculos del IoT, y nos adentramos con paso firme en la era del 6G, el desafío de la retrodispersión, más que un obstáculo, se convierte en una oportunidad valiosa. La amalgama de eficiencia espectral, energética y la necesidad de estandarización dibujan el mapa de un futuro que, de ser correctamente controlado, puede transformar la interconexión global. Así, en este alba de la nueva era, nos enfrentamos no solo a la optimización y estandarización de las comunicaciones por retrodispersión, sino a la forja de un mundo más conectado, ágil y resiliente. Afina tus sentidos, porque a continuación nos prepararemos aún más en este interesante vuelo tecnológico hacia un mañana interconectado. ¡El futuro nos espera!

Capítulo 8

El Internet de las Cosas Espaciales (IoST):

Mejorando la Cobertura Global y la Escalabilidad con satélites CubeSats, drones UAVs y Megaconstelaciones.

Este capítulo arranca su andadura inmerso en la innovadora expansión del Internet de las Cosas hacia el espacio, adentrándonos en un intrigante viaje a través del Internet de las Cosas Espaciales (IoST - Internet of Space Things). Esta progresión hacia el espacio se centra mayormente en casos de uso terrestres y se presenta como una necesidad imperiosa para las redes de comunicación futuras por varias razones cruciales.

En primer lugar, el Internet de las Cosas (IoT - Internet of Things) se apoya fuertemente en la infraestructura ya existente, lo que resulta en una falta significativa de flexibilidad y escalabilidad. En segundo lugar, alcanzar una cobertura global es una meta inalcanzable utilizando soluciones de IoT convencionales. Esta limitación es particularmente evidente en áreas remotas, incluyendo los extremos polares Norte y Sur, donde un desequilibrio entre los costos de construcción de la infraestructura física y los ingresos de servicio dificulta la viabilidad de la implementación. Por lo que se percibe una notable limitación en la heterogeneidad y en el recurso espectral en la red del IoT.

Ante estas premisas, se vislumbra el IoST como un sistema ciber-físico ubicuo y omnipresente que se extiende a través de tierra, aire y espacio. Con posibles aplicaciones en monitoreo y reconocimiento, las funciones del IoST incluyen servir como red troncal principal, realizar backhauling del espacio libre y proporcionar una integración holística de datos. Concretamente, el IoST se compone de una estación terrestre, las instalaciones de los clientes, y los dispositivos de detección en la Tierra que forman el bloque terrestre, mientras que los satélites CubeSats, los drones UAVs (Unmanned Aerial Vehicles), y los dispositivos de detección cercanos a la Tierra constituyen el bloque espacial.

Estos componentes se conectan mediante enlaces terrestres a satélites (GSLs - Ground-to-Satellite Links), que unen los centros de IoST con los satélites CubeSats para el intercambio de solicitudes y datos. Por su parte, los enlaces intersatélites (ISLs - Inter-Satellite Links) retransmiten la información a los CubeSats vecinos, tanto en la misma órbita como en órbitas adyacentes. Adicionalmente, los drones, UAVs, establecen enlaces entre ellos, así como con los sensores y CubeSats, conformando una capa de agregación de datos localizada.

Por otro lado, el bloque espacial emerge como un componente vital de este sistema. Por tanto, la investigación centrada en el desarrollo de pequeños satélites, conocidos como CubeSats, para su uso en el IoST, se erige como una tarea de suma importancia. No obstante, es relevante destacar que el desarrollo de estos CubeSats puede realizarse en un tiempo considerablemente reducido, empleando componentes de bajo costo, denominados COTS (Commercial Off-The-Shelf), es decir, productos que están disponibles comercialmente y listos para usar sin necesidad de personalización adicional.

Esta característica permite que los CubeSats sean fácilmente reconfigurables. Acorde con este objetivo, se ha planteado un nuevo concepto de hardware para los CubeSats de la próxima generación. El innovador diseño propuesto para los satélites CubeSats incluye un novedoso subsistema de comunicaciones para una operación ininterrumpida en una amplia gama de bandas de frecuencia.

El Internet de las Cosas Espaciales (IoST) representa una evolución crucial del Internet de las Cosas (IoT) para superar las limitaciones de escalabilidad y cobertura global. Dada la infraestructura limitada de IoT, el IoST se presenta como una solución para extender la conectividad a áreas remotas y heterogéneas. El IoST abarca tierra, aire y espacio, conectando dispositivos terrestres con satélites CubeSats y drones UAVs a través de enlaces terrestres y intersatélites. Esta infraestructura diversificada y omnipresente tiene el potencial de transformar las comunicaciones inalámbricas y abrir un nuevo horizonte tecnológico.

En este sentido, el desarrollo de CubeSats, con componentes de bajo costo y capacidad de reconfiguración, es por lo tanto esencial para el éxito del IoST. Como se ha explicado, estos satélites están equipados con transceptores y antenas multibanda capaces de operar en una amplia gama de frecuencias, incluyendo microondas milimétricas y el espectro de los THz. Como se ha analizado, esto podría permitir velocidades de transmisión de datos superiores a 100 Gbps, lo que impulsaría significativamente la tecnología 6G. Por lo tanto, el IoST, con su enfoque en la expansión hacia el espacio, promete revolucionar la conectividad global y respaldar una nueva era de innovación tecnológica.

Más precisamente, la originalidad de los diseños, dentro de este campo se caracterizan por la presencia de transceptores y antenas multibanda capaces de soportar comunicaciones inalámbricas en frecuencias de microondas milimétricas, mmWave y en el rango espectral de los THz. Gracias a los diseños de satélites CubeSats, se podrían alcanzar potencialmente velocidades de transmisión de datos superiores a 100 Gbps. Nos encontramos entonces en el umbral de una revolución tecnológica con el ascenso vertiginoso del Internet de las Cosas Espaciales (IoST).

Admitamos que la orquestación entre drones UAVs, CubeSats y megaconstelaciones no solo propone una red expansiva que cubre cada rincón de nuestro planeta, sino que también proyecta la ambición humana de expandir su conectividad más allá de los confines terrestres. Con velocidades de transmisión que desafían la comprensión y diseños que fusionan economía con innovación, el IoST se perfila como el faro que guiará a la humanidad hacia una era de interconexión sin precedentes. Prepárate para despegar, porque en los siguientes capítulos, la gravedad de la Tierra ya no nos retendrá. El vasto cosmos aguarda, y con él, posibilidades infinitas de comunicación y exploración. ¡Adelante!

8.1. Desafiando los Límites de la Comunicación Espacial:

La Implementación de los Subsistemas Multibanda.

El creciente imperativo de desarrollar subsistemas de comunicaciones multibanda surge de la actualidad innegable. Los satélites CubeSats actuales encuentran restricciones en sus capacidades de comunicación, estando en gran medida limitados al espectro que se extiende desde la banda L (1 a 2 GHz) hasta la banda Ka (26.5 a 40 GHz). Esta circunstancia desencadena una dualidad de desafíos expresados en dos problemas fundamentales. Por un lado, las bandas de frecuencia convencionales enfrentan un creciente asedio derivado de la congestión. Por otro lado, el rendimiento a nivel de terabits por segundo (Tbps), un requisito establecido por el Internet de las Cosas Espaciales (IoST - Internet of Space Things), se percibe como un hito casi inalcanzable bajo las limitaciones de las bandas de frecuencia actuales.

Una propuesta innovadora para superar la escasez de espectro y las limitaciones de capacidad en las redes satelitales actuales es el uso de múltiples bandas de frecuencia, que se extienden desde el espectro de microondas hasta los THz (Terahertz). Esta iniciativa es posible gracias a los avances significativos en el desarrollo de dispositivos de alta frecuencia.

Más específicamente, el subsistema de comunicaciones multibanda alberga tanto transceptores de múltiples frecuencias como sistemas de antenas. Como se ha comprobado, el transceptor multibanda se caracteriza por la utilización de dos enfoques complementarios, se tiene, una cadena de conversión de frecuencia electrónica y una cadena de conversión de frecuencia óptica. Ambas cadenas son fundamentales para generar señales en diversas frecuencias. En el caso del enfoque basado en electrónica, se recurre a divisores de frecuencia para derivar las frecuencias intermedias destinadas a las salidas.

En contraposición, el enfoque basado en fotónica incorpora la conversión descendente de las portadoras de frecuencia de las señales ópticas. A través de un proceso de mezcla heterodina entre dos señales de entrada ejecutado por un modulador Mach-Zehnder, se generan las señales multibanda. La señal de microondas resultante tiene una frecuencia que corresponde a la diferencia entre las dos entradas. La señal generada, junto con las dos señales de entrada, se conforma como salida final.

Es destacable que en el escenario del Internet de las Cosas Espaciales (IoST), estas frecuencias multibanda pueden asignarse dinámicamente a los Enlaces de Tierra a Satélite, GSLs (Ground-to-Satellite Links) y a los Enlaces Inter-satélite, ISLs (Inter-Satellite Links) para adaptarse a diversos requisitos de servicio.

Además de los transceptores multibanda, los satélites CubeSats en el IoST están equipados con sistemas de antenas de múltiples frecuencias. Particularmente, el uso de enlaces en los THz permite arreglos de antenas muy grandes que sirven como base para esquemas de comunicación MIMO masivos y Multiplexación de Usuarios con Entradas y Salidas Múltiples, UM MIMO (User Multiplexing Multiple Input Multiple Output).

Al respecto, es esencial notar que existen diversas alternativas cuando se trata del diseño de arreglos de antenas multibanda. El primer enfoque implica el uso de Sistemas Nano-Electro-Mecánicos, NEMS (Nano-Electro-Mechanical Systems), Sistemas Micro-Electro-Mecánicos, MEMS (Micro-Electro-Mechanical Systems) y estructuras plegables de origami, para crear antenas físicamente reconfigurables. A su vez, un segundo enfoque plantea el uso de materiales revolucionarios como el grafeno para crear arreglos de nanoantenas electrónicamente sintonizables, permitiendo una versatilidad de frecuencias sin precedentes.

8.2. La Evolución de las Constelaciones Satelitales en el IoST:

Del CubeSat a las Megaconstelaciones.

En la ambiciosa expansión del Internet de las Cosas Espaciales (IoST), uno de los pilares fundamentales es un diseño de constelaciones altamente optimizadas, que permitan alcanzar la anhelada cobertura global y un rendimiento de enlace superior. No obstante, las constelaciones en Órbita Terrestre Baja (Low Earth Orbit, LEO) convencionales, suelen ser modestas en tamaño, con menos de un centenar de satélites. Por ejemplo, el sistema IoT basado en CubeSat, Astrocast, cuenta con un límite de 64 satélites.

Por otro lado, el grado de cobertura y la calidad de la conectividad ofrecida por estos sistemas convencionales dejan mucho que desear. En respuesta a esta creciente demanda de una cobertura más extensa, con una conectividad más robusta y una mayor redundancia, las megaconstelaciones, formadas por varios cientos de satélites, han emergido con fuerza en las últimas décadas. Estas megaconstelaciones ofrecen múltiples ventajas sobre las constelaciones convencionales, entre las cuales se encuentran una densidad de cobertura superior, una conectividad mejorada y una redundancia más significativa.

El diseño de una constelación entraña la resolución de una serie de parámetros interrelacionados. Entre ellos se incluyen, (i) los radios de apogeo y perigeo, (ii) la excentricidad orbital, (iii) el número de satélites CubeSats por plano orbital, (iv) el número de planos orbitales, y (v) la longitud inicial del nodo ascendente, el argumento de perigeo y las posibles averías reales de los satélites CubeSats.

A pesar de que ya se trata de un desafío considerable, la presencia de un número extremadamente grande de satélites añade una complejidad adicional al diseño del sistema. Por ende, los marcos de diseño de constelaciones actuales, aunque están al nivel de los avances más recientes, están en gran medida orientados hacia el diseño de sistemas con unas pocas docenas de satélites como máximo.

Por otro lado, el avance en el Internet de las Cosas Espaciales (IoST) se encuentra intrínsecamente ligado a la evolución de las constelaciones satelitales, que son vitales para lograr cobertura global y un rendimiento de enlace superior, como hemos visto. A pesar, como hemos explicado, de que las constelaciones convencionales en Órbita Terrestre Baja (LEO) han sido un punto de partida, con sistemas como Astrocast basados en CubeSats, la demanda de mayor cobertura y conectividad ha impulsado el surgimiento de megaconstelaciones. El diseño de estas constelaciones presenta desafíos interrelacionados que requieren una consideración cuidadosa, especialmente dada la complejidad adicional que implica una gran cantidad de satélites, de acuerdo a nuestro análisis. A pesar de estos desafíos, las megaconstelaciones representan un paso significativo en la evolución del IoST y su capacidad para brindar conectividad global y de alta calidad.

A raíz de ello, se ha propuesto un marco de diseño de constelaciones altamente escalable y personalizable, que tiene en cuenta tanto la cobertura como los parámetros de conectividad. Utilizando técnicas de medición innovadoras, como la caracterización de la cobertura basada en la teselación de Voronoi esférica y los parámetros de conectividad basados en la viabilidad de los Enlaces entre Satélites (Inter-Satellite Links, ISLs), se ha demostrado que la constelación resultante para el IoST logra un rendimiento similar al de las megaconstelaciones existentes, como Starlink, pero solo requiere una cuarta parte de los satélites, es decir, menos de 500. Starlink, desarrollado por SpaceX, es un sistema de constelación de satélites que proporciona servicios de internet de banda ancha desde el espacio, y representa uno de los modelos actuales de megaconstelaciones.

8.3. La Revolución de las Comunicaciones Espaciales:

Las Redes Definidas por Software y la Virtualización en el IoST.

El Internet de las Cosas Espaciales (IoST) se manifiesta como una infraestructura colosal que abarca tanto la Tierra como el cosmos. Para gestionar una red de tal envergadura, es necesaria una sofisticada supervisión en tiempo real, meticulosamente adaptada para gestionar las peculiaridades del entorno espacial, incluyendo la variación topológica temporal y los retrasos prolongados.

El IoST trasciende el modelo convencional de comunicaciones vía satélite y emplea ampliamente las redes definidas por software (Software-Defined Networking, SDN) y la virtualización de funciones de red (Network Function Virtualization, NFV). Estas tecnologías permiten una mejora significativa en la utilización de los recursos de la red, simplifican la administración de la misma y disminuyen los costos operativos. En sintonía con el paradigma de infraestructura como servicio (Infrastructure-as-a Service, IaaS), el IoST se esfuerza por ofrecer CubeSats como servicio, una propuesta que ha demostrado resultados alentadores.

Se ha observado que mediante la implementación de SDN, es posible lograr latencias de extremo a extremo de menos de un segundo. En el contexto de la administración de las redes, el IoST introduce conceptos innovadores como el de Interfaz Segura Virtual en los Equipos en las Instalaciones del Cliente (Virtual Customer Premises Equipment Secure Interface, vCSI). Esta interfaz permite la comunicación segura y el intercambio de datos entre el cliente y el proveedor de servicios sin comprometer la seguridad de la red.

Para abordar los problemas asociados con los segmentos espaciales de alta latencia, el IoST implementa el enrutamiento de segmentos con estado (Stateful Segment Routing, SSR). Este enfoque expande el paradigma convencional del SDN, incorporando soporte para el reenvío de paquetes basado en el estado de la red en cualquier momento dado. Además, la implementación del SSR ayuda en la minimización del control de tráfico, además de proporcionar un mayor nivel de satisfacción de la demanda y equilibrio de carga. En el IoST, también se utilizan algoritmos predictivos para detectar anticipadamente los eventos de interrupción de los Enlaces Tierra-a-Satélite (Ground-to-Satellite Links, GSLs). Combinados con una diversidad de puertas de enlace, que permiten la realización de traspasos proactivos que minimizan el tiempo de interrupción durante los mismos. El IoST promueve además el uso de la modularización de los CubeSats para lograr una virtualización de hardware ligera sin un sobrecosto significativo. En el horizonte, estas técnicas emergentes prometen desempeñar un papel esencial en la materialización de sistemas ciberfísicos omnipresentes de esta magnitud.

Puede entonces afirmarse que el Internet de las Cosas Espaciales (IoST) representa una revolución en las comunicaciones espaciales, abarcando tanto la Tierra como el espacio exterior, aprovechando tecnologías avanzadas como las redes definidas por software (SDN) y la virtualización de funciones de red (NFV). Como hemos explicado, esta innovación permite una administración eficiente de la red, reducción de costos y una mejora en la utilización de recursos, con aplicaciones tan importantes como ofrecer CubeSats como servicio. El IoST aborda desafíos como las latencias en las comunicaciones espaciales y la detección anticipada de interrupciones en los enlaces Tierra-Satélite, mostrando el potencial de una red verdaderamente omnipresente en el futuro. La exploración de estas tecnologías emergentes en el IoST es esencial para comprender la evolución de las comunicaciones en el espacio y promete un futuro exitoso en la infraestructura ciberfísica.

La aplicación de las Redes Definidas por Software (SDN) y la Virtualización de Funciones de Red (NFV) en el contexto del IoST se presenta como un salto monumental hacia la eficiencia y adaptabilidad en la comunicación espacial. Si bien la utilización de

SDN y NFV se ha consolidado en redes terrestres, adaptarlas al desafiante entorno espacial supone un reto significativo. Las extremas condiciones del espacio, como la radiación cósmica, los vacíos extremos y las vastas distancias, exigen soluciones tecnológicas robustas y duraderas para garantizar la estabilidad y la fiabilidad de las comunicaciones.

En ese sentido, una de las mayores ventajas que ofrece el IoST es la capacidad de adaptación rápida a cambios en el entorno espacial. Por ejemplo, la movilidad de los satélites, asteroides o incluso los fenómenos espaciales como las tormentas solares pueden afectar la conectividad. Aquí, la capacidad de las SDN de reconfigurar rápidamente las rutas de comunicación y adaptarse en tiempo real se convierte en una herramienta inestimable. Además, la virtualización proporcionada por NFV permite desplegar rápidamente nuevos servicios o ajustar los existentes según las necesidades, sin tener que modificar físicamente los equipos en el espacio, lo cual es claramente inviable en la mayoría de los casos.

Otro aspecto relevante es el papel de la seguridad en el IoST. El espacio cibernético se ha convertido en un dominio de creciente interés para las actividades malintencionadas, y el espacio no es una excepción. La seguridad de las comunicaciones entre satélites, estaciones terrestres y otros dispositivos espaciales es primordial. Por ello, la introducción de interfaces como el vCSI se torna crucial, ya que proporciona un canal de comunicación seguro entre el cliente y el proveedor de servicios, garantizando la integridad y confidencialidad de los datos transmitidos.

Por último, es vital destacar la interdependencia entre la innovación en el terreno de las comunicaciones espaciales y otros avances tecnológicos. Con el auge de misiones espaciales tripuladas, exploración planetaria y proyectos de colonización, la necesidad de una infraestructura de comunicación robusta y fiable en el espacio es más apremiante que nunca. El IoST no es simplemente una mejora incremental en las comunicaciones; es una pieza fundamental en el rompecabezas de la futura exploración y habitabilidad del espacio. A medida que la humanidad continúa expandiendo sus horizontes más allá de nuestro planeta, es imperativo que nuestras redes y sistemas de comunicación estén a la altura del desafío.

Capítulo 9

MIMO Masivo Sin Celdas:

Ruptura de las Barreras de las Celdas para Mejorar el Rendimiento de las Redes 5G.

La tecnología 5G ha revolucionado nuestras comunicaciones inalámbricas, utilizando el potencial de la tecnología MIMO masivo (Multiple-Input Multiple-Output) para optimizar las redes. Las estaciones base (BS - Base Stations) de esta generación han estado equipadas con cientos de elementos de antena, permitiendo incrementos significativos en la ganancia de los arreglos de antenas y capitalizando la ganancia de diversidad.

Un concepto íntimamente relacionado a esta revolución es el MIMO de red, que, a diferencia de consolidar cientos de elementos de antena en una sola estación base, propone un marco coordinado compuesto por múltiples estaciones base, cada una equipada con múltiples antenas. Esta nueva visión de coordinación tiene la ventaja de lograr una diversidad espacial sin precedentes, permitiendo que un único usuario sea atendido por más de una estación base simultáneamente.

La verdadera superioridad de este sistema radica en su habilidad para superar las desventajas de las malas condiciones del canal que se presentan cuando solo una estación base está conectada al usuario, al tiempo que anula la interferencia intercelda. No obstante, una serie de estudios han sugerido que los esquemas de comunicación MIMO masivos tienen un desempeño superior al MIMO de red, en términos de la potencia de la señal recibida por el usuario final y los costos totales de configuración.

Para llevar estas innovaciones un paso más allá, se han buscado formas efectivas de erradicar la interferencia intercelda causada por los usuarios ubicados en los límites de las celdas. Basándonos en las ideas provenientes de las comunicaciones MIMO distribuidas y las comunicaciones de multipunto coordinado (CoMP - Coordinated Multi-Point), se ha propuesto el concepto revolucionario de comunicación MIMO masiva sin celdas.

En esencia, este esquema presenta una red de arreglos de antenas densamente empaquetadas, con cientos de elementos en la estación base que se distribuyen en un área amplia, formando conjuntos más pequeños de menos de 10 elementos de antena. A pesar de esta distribución, el sistema sigue atendiendo a un número similar de usuarios en la misma área. En lugar de asociar cada terminal de usuario a una celda con una estación base equipada con un gran número de elementos de antena, el sistema sin celdas relaja la restricción de los límites de las celdas, reduciendo de forma significativa, o incluso eliminando, la interferencia intercelda.

Al no haber límites de celda, todas las estaciones base, o un subconjunto de ellas, pueden atender a los usuarios simultáneamente de manera coordinada. En esta sinergia, las estaciones base MIMO masivas sin celdas pueden compartir entre sí los datos a enviar a los usuarios a través de enlaces troncales frontales de transporte de datos, conocidos como fronthaul.

Se ha demostrado que las estaciones base pueden usar su información local de estado de los canales (CSI - Channel State Information) para lograr un rendimiento satisfactorio y evitar la excesiva complejidad de cómputo asociada al compartir las condiciones globales del canal con todas las estaciones base. La información local de CSI puede ser estimada en el canal de enlace ascendente en un modo de dúplex por división de tiempo (TDD - Time Division Duplex). Posteriormente, la precodificación se realiza en base a la información obtenida del canal en las estaciones base, antes de la transmisión de datos en el canal de enlace descendente. Tanto la potencia de transmisión como el vector de precodificación pueden ser determinados en base a la proximidad geográfica de los usuarios a las estaciones base.

En contraste con la arquitectura de las celdas pequeñas en 5G, que se compone de estaciones base no cooperativas con capacidad de atender hasta 100 usuarios por celda en un área reducida, típicamente dentro de un radio de celda de 200 metros, y con una transmisión de señales de potencia limitada, que a menudo no supera los 10 Watts, el sistema de comunicación MIMO masivo sin celda ofrece un rendimiento notablemente superior.

La ventaja de este último radica en su capacidad para asignar a cada usuario un punto de acceso dedicado. De hecho, se ha demostrado que esta característica del MIMO masivo sin celda eleva la probabilidad de rendimiento hasta un impresionante 95% por usuario. Esto equivale a una mejora de cinco a diez veces en presencia de sombra correlacionada de absorción electromagnética, en comparación con el enfoque de celdas pequeñas. Este avance revolucionario puede resultar clave para desbloquear el verdadero potencial de las futuras redes de comunicación.

Además, se ha podido comprobar que al considerar condiciones de canal realistas, que pueden incluir la afectación del piloto de nivel de potencia e información incorrecta local del estado de los canales CSI (Channel State Information), los sistemas MIMO masivos sin celda muestran un rendimiento mucho más alto en comparación con las celdas pequeñas. Esto resulta aún más relevante, ya que estos sistemas demuestran una mayor estabilidad frente a impactos adversos, como la atenuación por apantallamiento de las señales, interferencia no coherente y ruido. Estas características hacen que los sistemas MIMO masivos sin celda sean una opción altamente eficiente para futuras implementaciones de comunicaciones inalámbricas, ya que ofrecen ventajas significativas en términos de capacidad, confiabilidad y resistencia a interferencias.

No obstante, también debemos considerar los desafíos que presenta este nuevo sistema. En primer lugar, debido al problema de aliasing, que es un fenómeno que ocurre en la digitalización de señales cuando la frecuencia de muestreo es insuficiente para representar adecuadamente la señal original, la estimación de canal para las señales recibidas por diferentes elementos de antena se vuelve más complicada en comparación con las comunicaciones MIMO masivas ordinarias. En segundo lugar, el ángulo de apertura considerablemente incrementado, provoca un rango de propagación del campo cercano más grande, lo cual requiere un modelo de canal diferente para caracterizar los parámetros de canal a gran y pequeña escala.

Podemos estar seguros, que la evolución de las comunicaciones inalámbricas, impulsada por la tecnología 5G, ha llevado a la implementación exitosa de sistemas MIMO masivos que optimizan las redes al consolidar cientos de elementos de antena en estaciones base, mejorando la ganancia de los arreglos de antenas y la diversidad. A pesar de los debates sobre la superioridad entre MIMO masivo y MIMO de red en términos de potencia de señal y costos, ha surgido la revolucionaria idea de la comunicación MIMO masiva sin celdas, que se destaca por asignar a cada usuario un punto de acceso dedicado, lo que ha demostrado un aumento significativo en el rendimiento y es crucial para desbloquear el potencial de las futuras redes de comunicación. Aunque presenta desafíos, la llegada de la tecnología 6G promete consolidar la comunicación MIMO masiva sin celdas y optimizar aún más las redes inalámbricas, resaltando la importancia de explorar sus desafíos, ventajas y aplicaciones prácticas.

Todo esto parece confirmar que la llegada de la tecnología 6G augura la consolidación de la comunicación MIMO masiva sin celdas, superando las barreras impuestas por las arquitecturas de celdas fijas y abriendo un nuevo panorama en la optimización de las redes inalámbricas. Con todo lo descrito se observa claramente la importancia de profundizar en los retos, ventajas y aplicaciones prácticas de esta revolucionaria visión de la tecnología inalámbrica.

Sin duda, estamos al borde de una era en la que la fusión de tecnologías MIMO masivo sin celdas y la inminente llegada de la tecnología 6G transformarán el panorama de las comunicaciones inalámbricas, llevándonos a un futuro de conexiones más rápidas, confiables y eficientes. Así como una vez soñamos con velocidades y capacidades que hoy son una realidad con 5G, debemos prepararnos para un futuro donde lo que hoy parece innovador, mañana será la norma. Adentrémonos juntos en esta fascinante travesía hacia el corazón de la próxima generación de comunicaciones.

9.1. Condiciones de Propagación Favorables: Una Exploración de los Beneficios de la Comunicación MIMO Masiva Sin Celdas.

Se ha comprobado teóricamente que, con un creciente número de elementos de antena cuando los modelos tienden a aproximarse al infinito, los efectos adversos tradicionales del canal, tales como la interferencia entre celdas y el desvanecimiento a pequeña escala, se vuelven cada vez más insignificantes. Esta teoría abre la puerta a una revolución en la eficiencia de las comunicaciones a través del MIMO masivo sin celda (Cell-Free Massive Multiple-Input Multiple-Output), donde tales efectos adversos pueden llegar a ser prácticamente imperceptibles en los canales de propagación.

Específicamente, en este contexto revolucionario, los canales operando bajo un esquema coordinado de este tipo estarán en condiciones de cumplir con lo que se denomina "condiciones de propagación favorables". Pero, ¿qué significa esto exactamente? Las condiciones de propagación favorables implican que los vectores de canal entre las estaciones base (BSs) y los equipos de usuario (UEs) son ortogonales, de modo que el promedio de superposición, puede maximizarse. Esta característica es más significativa en las comunicaciones convencionales con MIMO masivo. En sistemas de MIMO masivo sin celdas, se ha demostrado que se pueden lograr condiciones favorables de propagación siempre que el número de puntos de acceso (APs) sea muy grande.

Como se ha descrito la introducción de MIMO masivo sin celdas ha dado lugar a una revolución en las comunicaciones inalámbricas, por lo tanto, como hemos explicado, los efectos adversos tradicionales del canal, como la interferencia entre celdas y el desvanecimiento a pequeña escala, se vuelven prácticamente insignificantes a medida que aumenta el número de elementos de antena. Esto ha llevado a la posibilidad de alcanzar condiciones de propagación favorables, como se ha analizado, donde los vectores de canal entre estaciones base y equipos de usuario son ortogonales, lo que maximiza el promedio de superposición. Estas condiciones son particularmente significativas en sistemas de MIMO masivo sin celdas, y estudios han demostrado que son alcanzables con una densidad de puntos de acceso muy alta, abriendo un nuevo horizonte en la eficiencia de las comunicaciones inalámbricas

Es importante por otro lado señalar que también la característica de maximización de superposición constructiva se manifiesta de manera prominente, en las comunicaciones MIMO masivas convencionales. Sin embargo, en el innovador mundo de los sistemas MIMO masivos sin celda, los estudios han demostrado que se pueden lograr estas deseables condiciones de propagación favorables, siempre y cuando el número de puntos de acceso sea suficientemente grande. ¿Qué tan grande? Pues para lograr dichas condiciones favorables, la densidad de puntos de acceso tendría que alcanzar aproximadamente el asombroso número de 1000 por kilómetro cuadrado.

Todo esto parece confirmar que la revolución en las comunicaciones inalámbricas a través de MIMO masivo sin celdas está despejando el camino hacia la eficiencia y la calidad sin precedentes en la transmisión de datos. Y además, la teoría de condiciones de propagación favorables nos muestra un panorama donde los problemas tradicionales de interferencia y desvanecimiento a pequeña escala se desvanecen ante el crecimiento del número de elementos de antena. Estas condiciones, especialmente relevantes en sistemas MIMO masivos sin celdas, nos abren un horizonte muy amplio, pero desafiante, donde la densidad de puntos de acceso deberá alcanzar niveles impresionantes. El estudio de estas posibilidades en las comunicaciones inalámbricas nos impulsa a explorar más allá y a comprender cómo la tecnología puede dar forma a nuestro futuro conectado.

9.2. Resolviendo los Problemas del Futuro:

Coordinación y Optimización en las Redes MIMO Masivas Sin Celdas.

Aunque el dominio de las comunicaciones MIMO masivas sin celdas (Cell-Free Massive Multiple-Input Multiple-Output) es un terreno relativamente nuevo en el panorama tecnológico, ya se han identificado una serie de problemas sin resolver que requieren una investigación más profunda. Una de las dificultades más críticas radica en los problemas de coordinación y optimización, los cuales pueden tener un impacto apreciable en el rendimiento del sistema completo y en futuras implementaciones.

En primer lugar, en el tema de la programación de usuarios, los estudios se han enfocado de manera extensa en la caracterización de canales y en el análisis de capacidad. Sin embargo, estos avances de vanguardia aún no han abordado suficientemente escenarios que involucren el servicio a las redes con una gran cantidad de usuarios. En estas circunstancias, se plantea que podría haber un límite superior para el número de puntos de acceso que pueden servir a un solo usuario sin degradar el nivel de rendimiento promedio aceptable.

Se asume que todos los usuarios serán atendidos simultáneamente bajo el mismo bloque de recursos disponibles de frecuencia. No obstante, cuando el número de usuarios supera un umbral determinado, donde ya no pueden ser atendidos al mismo tiempo, surge la necesidad de considerar un esquema de programación que garantice la equidad.

Por otro lado, la optimización de la ubicación de los puntos de acceso es un problema que se ha investigado profundamente en las redes móviles. Herramientas como la geometría estocástica, que implica que las estructuras de las celdas siguen una disposición tipo mosaico, y la teselación de Voronoi 2D, junto con estaciones base geográficamente separadas que atienden a usuarios en el borde de la celda bajo el esquema de multipunto coordinado (CoMP - Coordinated MultiPoint), se han empleado intensivamente para mejorar la eficiencia general del sistema y superar la interferencia entre celdas a través de la programación. Por lo tanto, se vuelve imperativo optimizar la ubicación de las estaciones base teniendo en cuenta las limitaciones prácticas a nivel de enlace, como la relación señal a interferencia y la probabilidad de éxito para los enlaces individuales, con el fin de mejorar la equidad de la red.

Con todo y lo anterior se puede afirmar que en el contexto MIMO masivo sin celda, donde no existen límites predefinidos de celda, es esencial investigar y optimizar a fondo el rendimiento a nivel de sistema en relación a las ubicaciones de los puntos de acceso, los efectos de reflexiones aleatorias y los usuarios. Las soluciones a estos desafíos sin duda acelerarán la transición hacia la implementación completa de la revolucionaria tecnología 6G.

No es casualidad el hecho de que la investigación en el campo de las comunicaciones MIMO masivas sin celdas revela desafíos cruciales que deben ser abordados para aprovechar plenamente su potencial revolucionario. En este sentido la coordinación y optimización en escenarios de alta densidad de usuarios y ubicación eficiente de puntos de acceso son áreas clave de enfoque. Continuar explorando estas complejidades y encontrar soluciones a medida que avanzamos en esta impactante era tecnológica es esencial para moldear un futuro de comunicaciones más eficientes e igualitarias.

Así que el paisaje de las comunicaciones MIMO masivas sin celdas está en pleno florecimiento, con intricadas dificultades que se entrecruzan con enormes oportunidades. Coordinar y optimizar en un mundo sin barreras de celda no es tarea fácil, pero es el camino hacia una era 6G más avanzada y equitativa. A medida que nos adentramos en esta travesía de innovación, se vuelve imperante enfrentar estas adversidades con ingenio y determinación. Los próximos capítulos nos sumergen más profundamente en este viaje, revelando soluciones y avances que no solo definirán el futuro de las comunicaciones, sino que también reconfigurarán nuestra percepción de lo que es posible. ¡Prepárate para descubrir lo inimaginable!

Capítulo 10

Innovaciones en Redes Inalámbricas:

Desde Nano Redes hasta Comunicaciones Cuánticas.

Cuando nos embarcamos en el profundo análisis de las tecnologías que podrían ser pilares en la construcción del 6G, hemos considerado hasta ahora una serie de elementos esenciales que se proyecta jugarán roles fundamentales en la próxima generación de redes inalámbricas. A pesar de ello, en este vasto panorama tecnológico, más allá de estos elementos, también destaca la presencia de diversas tecnologías emergentes y esperanzadoras. Se espera que estas innovaciones trastornen y redefinan nuestra concepción de las comunicaciones de datos en un futuro no muy lejano. Por lo tanto, nos enfocaremos en tres paradigmas emergentes, siendo estos el Internet de las Nano Cosas (Internet of Nano Things), el Internet de las Bio Nano Cosas (Internet of Bio-Nano Things) y las comunicaciones cuánticas.

Comenzando con el Internet de las Nano Cosas (IoNT - Internet of Nano Things), es de gran importancia analizar cómo en un mundo cada vez más inmerso en la conectividad inalámbrica omnipresente, se anticipan una variedad de transformaciones revolucionarias en el ámbito de las comunicaciones inalámbricas. A medida que la demanda por el espectro de frecuencias aumenta para acomodar una creciente multitud de dispositivos y servicios inalámbricos, surgen ciertos problemas. Entre estos se encuentran escenarios en los que las ondas electromagnéticas no logran desempeñar un rendimiento adecuado o no pueden propagarse la distancia deseada, debido a las limitaciones de hardware, como en entornos de alta salinidad o en canales intravasculares donde la distancia de transmisión puede ser extremadamente corta.

Además, al analizar los escenarios de aplicación para las comunicaciones en la banda de los terahercios (THz), es evidente que, a medida que las frecuencias de operación aumentan, las longitudes de onda de las señales caen en la región de los nanómetros. Esta es la dimensión, con tamaños que oscilan entre 10^{-9} a 10^{-7} metros, que da forma al mundo de las nano-redes. A diferencia de los sistemas que operan a frecuencias más bajas en el rango de las microondas, los dispositivos y transceptores utilizados en el IoNT son de tamaño nanométrico y, por lo tanto, se comportan de manera diferente a los sistemas de comunicación inalámbrica convencionales.

Estos nanodispositivos, debido a su tamaño considerablemente más pequeño, se espera que consuman menos energía y sean autónomos, posiblemente mediante la recolección de energía vibracional utilizando nanogeneradores piezoeléctricos. Las nanocosas no sólo pueden realizar tareas de transmisión de señales, sino que también están capacitadas para llevar a cabo procesamiento básico y almacenamiento de datos, además de habilitar nuevas capacidades de nanosensores con una mayor sensibilidad. Los progresos recientes en nanotecnología han permitido el desarrollo de una variedad de materiales eficientes que permiten la creación de estas nano-máquinas, que incluyen el uso de finas tiras de grafeno llamadas nanocintas de grafeno, y grafeno en forma de un rollo tridimensional llamado nanotubos de carbono, así como esferas de grafeno.

Es pertinente destacar que las comunicaciones dentro del paradigma de las nano-redes se dividen principalmente en dos categorías. La primera es la de los bits de señal codificados transportados con moléculas, que siguen un mecanismo basado en difusión. La segunda, en cambio, se centra en el área de la radiación plasmónica en antenas basadas en metamateriales que comprenden grafeno y nanotubos de carbono operando en la banda de los THz. Estas antenas plasmónicas utilizan la física de ondas superficiales de polaritón de plasmón (SPP - Surface Plasmon Polariton). Estas ondas electromagnéticas están acopladas a una interfaz entre un material conductor y un dieléctrico, lo que genera ondas electromagnéticas confinadas como resultado de las oscilaciones globales de los electrones en la interfaz de un material conductor y un material dieléctrico.

Parece perfectamente claro que en el proceso de explorar las tecnologías fundamentales para el desarrollo de la 6G, se han considerado elementos esenciales como el Internet de las Nano Cosas (IoNT), el Internet de las Bio Nano Cosas y las comunicaciones cuánticas. Dentro del paradigma del IoNT, hemos descrito que se destacan los avances en las nano-redes, que operan en escalas nanométricas y utilizan nanodispositivos para la transmisión de señales, procesamiento de datos y sensado altamente sensible.

Recordemos que estas redes representan una evolución en la forma en que concebimos las comunicaciones inalámbricas y tienen el potencial de superar las limitaciones de hardware en entornos específicos y operar en la región de los terahercios, donde las longitudes de onda son extremadamente cortas. Además, por otro lado, el uso de nanomateriales y técnicas como la radiación plasmónica abre nuevas posibilidades en la transmisión de datos y las comunicaciones inalámbricas a nivel nano, como se ha discutido. En conjunto, estas innovaciones prometen transformar significativamente el panorama de las comunicaciones inalámbricas en el futuro.

Hay que aclarar que las ondas transmitidas pueden irradiarse de manera eficiente a la frecuencia de resonancia deseada, a pesar de presentar longitudes de onda mucho más cortas que las longitudes de onda correspondientes a las usadas en las tecnologías convencionales. Esta propiedad es la que les permite integrarse en arreglos mucho más densos, superando a los arreglos de antenas convencionales. Esta característica, conocida como el factor de confinamiento plasmónico, depende de las propiedades del material plasmónico y la frecuencia de operación. A medida que este factor aumenta, las antenas pueden ser más pequeñas y se pueden integrar en una mayor densidad.

10.1. Estructura y Funcionamiento del Internet de las Nano Cosas (IoNT).

En el contexto de las innovaciones tecnológicas que están definiendo el futuro de las redes inalámbricas, el Internet de las Nano Cosas (IoNT - Internet of Nano Things) ha emergido como un campo de grandes expectativas y fascinación. Al igual que en las redes de comunicación convencionales, en el IoNT es imprescindible considerar diversos componentes claves que conforman esta novedosa y disruptiva estructura.

Los nanonodos, como las unidades funcionales básicas de la nanored, juegan un papel esencial. De tamaño diminuto, variando entre 1 a 100 nanómetros, estos nodos pueden formar grupos para transmitir y recibir señales. Un nanonodo típico con capacidad completa para funcionar como transceptor contiene diversos elementos. Estos incluyen una nano antena y un nano transceptor plasmónico basado en tecnología de grafeno para propagar ondas superficiales de polaritón de plasmón (SPP - Surface Plasmon Polariton). Además, puede contener un nanoprocesador con una frecuencia de operación cercana a 1 THz, nanoactuadores, y nanosensores capaces de captar energía eléctrica externa para su funcionamiento.

También puede incorporar moléculas de gas y objetos biológicos como antígenos y anticuerpos, nanomemorias que permiten el almacenamiento de una señal de un bit en un solo átomo, nanobaterías y nanorecolectores de energía eléctrica que transfieren la energía necesaria para alimentar otros elementos. Aunque la vida útil de las baterías y las capacidades de cómputo son limitadas, las señales son en su mayoría basadas en pulsos para facilitar la detección y la transmisión.

En paralelo a los nanonodos, los nanorouters asumen el importante papel de controlar los patrones de comportamiento de estos. Aglutinan información y determinan los trayectos óptimos para el reenvío de señales. Con mayores recursos de energía y capacidad de cómputo, estos nanorouters son esenciales para manejar consultas específicas desde el centro de comando, seleccionar las rutas óptimas para alcanzar los nanonodos, recolectar datos e informar. Dado el limitado rango de transmisión, se prefiere una señalización basada en pulsos para evaluar el rango alcanzable de los nanonodos con el objetivo de minimizar las probabilidades de interrupción y establecer rutas adecuadas.

En este universo de nano comunicación, los puertos de acceso, también conocidos como gateways, funcionan como un control remoto del IoNT. Estos puertos se conectan a los proveedores de servicios a través de internet, y pueden ser dispositivos inteligentes comunes como smartphones y tablets. Para administrar una red con cientos o incluso miles de nanonodos diseminados en entornos de comunicación sofisticados, los puertos de acceso deben ser diseñados con un enfoque integral en el intercambio de comandos y consultas. Su tarea también implica coordinar entre posibles colisiones y procesar datos distorsionados, lo que requiere un marco de red considerablemente distinto a la arquitectura de red convencional. Con la ayuda de procesamiento con inteligencia artificial, es posible encontrar soluciones altamente eficientes basadas en patrones arbitrarios de nanonodos, sin requerir un modelo preestablecido para la predicción.

No obstante, es crucial reconocer que las tecnologías más relevantes para los dispositivos en el IoNT aún se encuentran en diseño y desarrollo. Aunque algunos tipos de componentes individuales, como los nanosensores, ya están disponibles, se espera que un cambio de paradigma importante para el IoNT ocurra en los próximos años. Esta anticipación nos permite soñar con un futuro donde la tecnología estará enraizada en nuestras vidas de formas que actualmente no podemos ni imaginar.

10.2. Aplicaciones Prácticas del Internet de las Nano Cosas:

Nanocámaras, Redes en Chips y Nanorobots.

En el apasionante terreno del Internet de las NanoCosas (IoNT - Internet of Nano Things), las aplicaciones prácticas son extensas e ingeniosas. Se pueden encontrar principalmente en las redes del área corporal humana y en entornos locales de corta distancia, abriendo nuevas fronteras en la conectividad y la automatización. Para ilustrar mejor este panorama, es necesario explorar algunos escenarios de aplicación típicos.

Las nanocámaras son uno de estos innovadores desarrollos. Estos diminutos dispositivos se basan en la nanosensibilidad a la luz y la nanotecnología para detectar, combinar y procesar señales de luz antes de transformarlas en señales eléctricas. En su interior, incorporan nanofotodetectores, nanolentes, nanobaterías y nanomemorias, todos convergiendo para lograr la captura de imágenes y el procesamiento de señales con una resolución ultra fina. Las posibilidades de aplicación de las nanocámaras son casi infinitas, extendiéndose a una variedad de escenarios que abarcan desde la generación de imágenes intravasculares hasta la detección de fracturas en tuberías para transporte de flujos de petróleo.

En la misma línea, la creciente miniaturización de los microchips, a la par con un incremento en la complejidad de su funcionalidad, ha presentado desafíos significativos en la transmisión de señales dentro del chip. Ante problemas asociados al crecimiento flexible de las funcionalidades de las Unidades de Procesamiento Central (CPU - Central Processing Units) y la eficiente sincronización de memoria, las soluciones de red inalámbrica dentro de los chips (WNoC - Wireless Network on Chip) están emergiendo como una alternativa viable. Estas pueden reemplazar las conexiones de las líneas de transmisión de los chips convencionales, aprovechando la comunicación de corto alcance mediante nanoredes que operan a frecuencias en la banda de los terahertz (THz).

Los nanorobots, por otro lado, representan otra revolucionaria aplicación del IoNT. Estos minúsculos dispositivos pueden ser desplegados en entornos tan variados como plantas de energía nuclear y tuberías de petróleo, que resultarían peligrosas para la intervención humana, pero que a la vez requieren de alta precisión en tareas como el mantenimiento. Los nanorobots pueden detectar y recopilar datos relacionados con niveles de concentración química o para obtener información sobre la velocidad de fluidos, entre otros. Al formar redes ad hoc, estos nanorobots pueden aglutinar y reenviar paquetes de datos a puertos de acceso de los sistemas IoNT. En el campo de la ingeniería biomédica y la atención médica, el uso de nanorobots también promete una nueva era de intervenciones precisas y poco invasivas.

Cabe entonces señalar que el Internet de las Nano Cosas está remodelando nuestra concepción de la conectividad y la automatización, extendiendo su alcance al cuerpo humano y a los entornos más complejos y desafiantes. Sin duda, las nanocámaras, capaces de capturar imágenes de alta resolución a escalas microscópicas, ofrecen un abanico de posibilidades que abarcan desde la medicina hasta la exploración de infraestructuras críticas.

En este impresionante campo tecnológico las redes inalámbricas dentro de los chips (WNoC) resuelven problemas cruciales en la miniaturización de microchips y tienen el potencial de revolucionar la tecnología de la información. Los nanorobots, por su parte, prometen revolucionar la inspección y el mantenimiento de entornos peligrosos y desafiantes. Este palpitante panorama de aplicaciones IoNT es solo el principio de un recorrido tecnológico que podría dar forma a un futuro lleno de innovación y avances inimaginables. La próxima exploración detallada de estos desarrollos y sus implicaciones sigue siendo alucinante.

10.3. Desafíos Cruciales en el Despliegue del Internet de las Nano Cosas:

Eficiencia Energética, Control de Interferencias y Protocolos de Red.

El camino hacia el despliegue exitoso del Internet de las Nano Cosas (IoNT - Internet of Nano Things) está lleno de complicaciones, especialmente cuando se trata de lidiar con las consecuencias de la drástica reducción de las dimensiones. Este camino se divide en tres cuestiones fundamentales que hay que explorar: la eficiencia energética, el control de interferencias y los protocolos de las redes.

El primer obstáculo se encuentra en la optimización de la eficiencia energética. A pesar de que los nanodispositivos consumen energía a nivel de microvatios cuando transmiten pulsos de duración de femtosegundos, cubrir un área de unos pocos metros cuadrados, como una oficina o una sala de reuniones, transforma el consumo de energía en una restricción significativa para mantener un rendimiento de red satisfactorio. Para superar esta barrera, se están evaluando nuevos diseños de ciclos de trabajo para nanoreceptores y se están desarrollando nuevos algoritmos de agrupación para nanoreceptores cercanos. El objetivo es permitir operaciones más flexibles y versátiles.

El control de las interferencias emerge como el segundo problema abierto. Aunque esta cuestión ha sido estudiada exhaustivamente en escenarios de redes inalámbricas convencionales, estos enfoques no pueden aplicarse directamente en el campo del IoNT. Esto se debe a la mayor densidad de nanoreceptores en el espacio y al uso de esquemas de transmisión de señales basados en pulsos.

En consecuencia, la autointerferencia se convierte en el problema más prominente para los nanoreceptores cuando se despliega el modo full duplex. Por lo tanto, se requieren nuevos algoritmos de programación para mitigar este efecto adverso. Paralelamente, se están desarrollando nuevos esquemas de modulación y codificación para satisfacer las necesidades de los nanodispositivos en eficiencia espectral y energética, manteniendo una baja probabilidad de diafonía entre enlaces.

Es significativa la importancia que tiene considerar una tercera barrera limitante que reside en los protocolos de red. Debido a que el Internet de las Nano Cosas se prevé que funcione de una manera drásticamente diferente al Internet de las Cosas (IoT - Internet of Things), con marcadas diferencias en las condiciones del canal, en la escala limitada de operación, así como en los dispositivos miniaturizados, la investigación y diseño de protocolos sigue siendo un campo abierto para la investigación. Confrontar estas inevitables dificultades a superar es crucial para el desarrollo exitoso del IoNT, y cada avance contribuye a hacer realidad el enorme potencial de las redes inalámbricas de la próxima generación.

Lo cierto es que el despliegue efectivo del Internet de las Nano Cosas (IoNT) se enfrenta a retos cruciales que deben ser abordados para liberar todo su potencial. Desde luego, la eficiencia energética, el control de interferencias y los protocolos de red son las tres áreas fundamentales de preocupación. Lograr la eficiencia energética en un entorno de nanodispositivos es esencial para su viabilidad práctica, y esto se logra mediante nuevos diseños de ciclos de trabajo y algoritmos de agrupación. Por otro lado, controlar las interferencias en un mundo de nanodispositivos densamente poblados requiere enfoques innovadores que atiendan a la autointerferencia y a las necesidades de modulación y codificación. Por último, la adaptación de los protocolos de red a las peculiaridades del IoNT es una tarea que abre nuevas oportunidades para la investigación y el diseño. La exploración más profunda de estas cuestiones es esencial para desbloquear el potencial revolucionario del IoNT, y la travesía de descubrimiento continúa.

10.4. El Futuro de las Telecomunicaciones en la Atención Médica:

El Internet de las Bio Nano Cosas.

Una innovación estrechamente ligada al Internet de las Nano Cosas (IoNT - Internet of Nano Things), que comparte características y aplicaciones únicas, es el concepto emergente del Internet de las Bio Nano Cosas (IoBNT - Internet of BioNanoThings). Esta idea ha ganado una tracción significativa en sus esfuerzos por fusionar de forma sinérgica las telecomunicaciones y las soluciones de atención médica.

El IoBNT se basa en una red de moléculas capaces de comunicarse entre sí. Los tipos de comunicaciones moleculares podrían incluir células artificiales que actúan como puertos de acceso a enlaces, facilitando la comunicación entre diferentes tipos de moléculas. Alternativamente, estas células podrían funcionar como una interfaz biocibernética capaz de convertir señales moleculares en eléctricas y transmitirlas a dispositivos externos para su posterior procesamiento.

Cuando pensamos en aplicaciones en el ámbito de la atención médica humana, el IoBNT se enfrenta a una serie de limitantes y oportunidades únicos. En primer lugar, en el campo interdisciplinario de las comunicaciones y el análisis de datos, el IoBNT puede facilitar enormemente la modelización de procesos biológicos. Por ejemplo, puede ayudar a obtener datos sobre la formación de células cancerosas o de la enfermedad de Alzheimer, y diseñar medidas de control efectivas para combatir estas enfermedades.

En segundo lugar, aunque las expresiones de códigos genéticos a nivel celular y de órganos pueden variar significativamente, de manera similar a los diversos tipos de aplicaciones de datos en redes inalámbricas, se pueden desarrollar y explotar modelos de comunicación. Esto permitiría concebir un marco de información sobre el estado de salud que pueda ser aplicable de manera general. En tercer lugar, la arquitectura de red holística prevista en el IoBNT podría integrar componentes en niveles heterogéneos para establecer relaciones entre células, tejidos, órganos y sistemas, mucho antes de conectarse a Internet. Esto permitiría a los médicos realizar evaluaciones y controles y, en consecuencia, proponer planes de tratamiento adecuados.

Sin embargo, para aplicar soluciones de atención médica en entornos biológicos y moleculares complejos, es esencial basarse en un sólido entendimiento de la física detrás de la comunicación molecular. También se requieren herramientas avanzadas de análisis estadístico que permitan revelar los principios detrás del aparentemente aleatorio movimiento molecular. El concepto del Internet de las Bio Nano Cosas (IoBNT) es un amplio campo de desarrollo que fusiona las telecomunicaciones y la atención médica, abriendo un mundo de posibilidades en la modelización de procesos biológicos, la comprensión de expresiones genéticas y la creación de un marco de información de salud generalizable. En efecto, el IoBNT tiene el potencial de revolucionar la atención médica al permitir una comunicación a nivel molecular que podría ayudar en la lucha contra enfermedades como el cáncer o el Alzheimer.

Es significativo que explorar aún más este deslumbrante campo es esencial para comprender el futuro de las telecomunicaciones en la atención médica, y el IoBNT es un área fascinante para investigar. El Internet de las Bio Nano Cosas (IoBNT) representa la vanguardia en la confluencia de la biología, la tecnología y la atención médica, ofreciendo promesas que antes solo pertenecían a la ciencia ficción. Es un reino donde lo minúsculo tiene un poder monumental, y donde cada molécula puede ser una ventana a soluciones médicas revolucionarias. Al traspasar los confines tradicionales, este fascinante campo nos invita a repensar no solo cómo tratamos las enfermedades, sino cómo entendemos la vida misma. Acompáñanos en los próximos capítulos mientras desentrañamos más misterios de esta emocionante fusión de ciencia y tecnología. ¡El futuro está al alcance de una nanoconexión!

10.5. Traspasando los Límites de las Ondas:

La Comunicación Molecular en las Redes 6G.

En contraposición a los canales de comunicación inalámbrica convencionales, basados principalmente en la propagación de ondas electromagnéticas, emergen los canales de comunicación molecular (MC - Molecular Communication). Estos innovadores canales dependen del mecanismo de la dinámica molecular para transmitir información. La principal discrepancia entre un canal MC y un canal inalámbrico convencional se evidencia en que el medio de transmisión presenta distintas formas y características, que pueden abarcar desde fluidos de variadas composiciones químicas en los vasos sanguíneos hasta membranas plasmáticas de neuronas.

Tomando como base la dinámica de las moléculas en estos medios tan variados, se han desarrollado modelos de canales de extremo a extremo para caracterizar la capacidad, el ruido y la interferencia bajo diferentes escenarios de comunicación. De manera particular, en el modelo de comunicación molecular, MC, basado en el fenómeno de la difusión entre materiales, la información se codifica de diversas formas. Por ejemplo, se pueden utilizar diferentes intensidades de concentración y distintos tiempos de liberación de las moléculas.

En este escenario, un nanodispositivo que actúa como un transmisor emite las mencionadas moléculas codificadas al canal molecular inalámbrico. En el lado receptor, otro nanodispositivo decodifica las señales basándose en las intensidades recibidas cuantificadas o en los tiempos de llegada. Para ello, se requiere que el canal permanezca estacionario durante la duración de la transmisión.

En tales transmisiones, es posible que algunas moléculas se dispersen en el canal y no sean recibidas por los nanodispositivos previstos, lo que genera un ruido. De esta manera, los canales que contienen dichas moléculas residuales se caracterizan como canales con un nivel de memoria.

En este contexto, las teorías de la difusión de Fick, que explican cómo se produce el transporte de sustancias a través de medios porosos, como las membranas biológicas o los materiales porosos, se convierten en una herramienta esencial. Estas teorías permiten determinar la ubicación de desplazamiento de las partículas y se utilizan para caracterizar la capacidad del canal como una función de un grupo de parámetros.

Hay que especificar que entre estos parámetros se encuentran el coeficiente de difusión del canal, la temperatura, la distancia entre los transceptores de extremo a extremo y el ancho de banda de la señal transmitida. La comunicación molecular representa, por lo tanto, una nueva frontera en las redes inalámbricas y en el futuro de la tecnología 6G.

Podemos estar seguros que la comunicación molecular marca un hito importante en el campo de las redes inalámbricas, ofreciendo una perspectiva radicalmente diferente a los canales de comunicación inalámbrica convencionales. Sin duda, estos canales tienen aplicaciones diversas, desde la comunicación en fluidos biológicos hasta sistemas de comunicación en ambientes químicos. Lo que ha facilitado que los modelos de canales de extremo a extremo permitan comprender y caracterizar su capacidad, ruido e interferencia, lo que abre un mundo de posibilidades en la tecnología 6G y más allá. Por lo que la comunicación molecular representa una frontera para transformar la forma en que concebimos las redes inalámbricas y las tecnologías futuras. Nos encontramos al borde de una revolución comunicativa, donde las moléculas se convierten en nuestros mensajeros y las leyes de la química y la biología dictan las reglas del juego. En el sinuoso sendero hacia la tecnología 6G, la comunicación molecular nos desafía a replantear lo que considerábamos imposible, llevando las redes inalámbricas a un dominio nunca antes imaginado. Prepárate para ampliar aún más profundo en esta odisea del 6G en las próximas páginas. El futuro inexplorado de las telecomunicaciones te espera.

10.6. Nanosensores y Biosensores:

Innovaciones Cruciales en la Lucha contra las Enfermedades Infecciosas.

La aparición del coronavirus (COVID-19) a finales de 2019 y durante el 2020 marcó un hito en la historia de la salud pública global, dejando una estela de alta mortalidad y multiplicidad de problemas sanitarios. Este patrón, lamentablemente, no es nuevo. En los años anteriores, hemos sido testigos de brotes similares, tales como el Síndrome Respiratorio Agudo Severo (SARS - Severe Acute Respiratory Syndrome) en 2002, el Síndrome Respiratorio de Oriente Medio (MERS - Middle East Respiratory Syndrome) en 2012, la enfermedad del virus del Ébola en 2014 y la gripe influenza. Estas crisis sanitarias plantean grandes inconvenientes para los sistemas de salud pública y nos empujan a replantear la respuesta ante tales epidemias y pandemias.

El caos generado por estas pandemias exige un enfoque eficaz para identificar nuevos virus, entender sus mecanismos de infección y desarrollar herramientas eficientes para el tratamiento y la vacunación. En este contexto, se está investigando la creación de biosensores que pueden monitorear la fragmentación de las proteasas dentro de las células infectadas. Las proteasas, enzimas especializadas en la degradación de proteínas, juegan un papel crucial en la fragmentación que resulta de la infección de la célula por el genoma del coronavirus, que es un tipo de virus de ARN (Ácido Ribonucleico).

Además, durante el proceso de infección, se sintetizan poliproteínas que pueden replicarse y transcribirse para generar más ARN y proteínas estructurales que construyen nuevos viriones. Los viriones, partículas infecciosas compuestas por un ácido nucleico (ADN o ARN) rodeado de una capa proteica protectora, son responsables de la transmisión de enfermedades virales. Dos tipos de proteasas, las de tipo papaina y las de tipo 3C, se encuentran en los coronavirus causantes del SARS y el MERS. Ambas son enzimas con actividad proteolítica, es decir, tienen la capacidad de romper los enlaces peptídicos de las proteínas.

Para identificar potenciales inhibidores de estas proteasas en el coronavirus, se utiliza un biosensor basado en la luciferasa, una enzima responsable de la producción de luz en ciertos organismos bioluminiscentes, como insectos luminosos, algunas bacterias y hongos bioluminiscentes.

Los viriones del SARS-CoV-2, que causan la enfermedad del COVID-19, tienen un diámetro aproximado de 50 a 200 nanómetros e infectan el sistema respiratorio humano principalmente a través de la propagación de persona a persona. Admitamos que el COVID-19 planteó complicaciones sin precedentes a nivel mundial en términos de pruebas, tratamiento y desarrollo de vacunas.

En este escenario, se prevé que el Internet de las BioNanoCosas (IoBNT - Internet of BioNanoThings) poseerá un inmenso potencial para el diagnóstico molecular de virus emergentes de este tipo. Los nanosensores, que pueden basarse en luciferasa o en otros genes marcadores, pueden utilizarse para examinar la reacción de la polimerasa de transcripción inversa en las muestras recolectadas, una enzima utilizada en biología molecular para sintetizar ADN complementario (cADN) a partir de una molécula de ARN. Otras pruebas incluyen el uso de bionanosensores para identificar anticuerpos a partir de muestras de sangre para determinar si la persona está infectada.

En cuanto al tratamiento, los estudios sobre el tratamiento de la gripe pueden arrojar luz sobre cómo el IoBNT podría ayudar en el desarrollo de futuras soluciones. Un paso crítico para el tratamiento es la intervención antiviral, que bloquea las vías de señalización intracelular para prevenir que los virus de la gripe se repliquen. Se ha propuesto una solución que previene la replicación del virus, basada en la utilización de bacterias genéticamente modificadas, como la Escherichia coli, para atrapar al virus del Ébola.

En este contexto, el IoBNT desempeña un papel único como una solución integral no solo para monitorear tipos limitados de células, como las células epiteliales escamosas de hisopos nasofaríngeos para pruebas, sino también a través de diferentes tejidos y sistemas. Hemos aprendido que estos coronavirus también pueden causar daños a los sistemas digestivo y neurológico. Por lo tanto, una serie de bionanocosas conectadas, compuestas de varios tipos de bacterias modificadas, pueden funcionar simultáneamente para mejorar la confiabilidad de las pruebas y la eficiencia de los tratamientos.

Hemos visto, como se ha descrito que la pandemia de COVID-19 ha generado una urgente necesidad de abordar las enfermedades infecciosas de manera más eficaz. Para ello, se investiga y desarrollan innovaciones en nanosensores y biosensores que pueden monitorear las proteasas involucradas en la infección por el coronavirus, lo que abre nuevas posibilidades para identificar inhibidores potenciales.

Además, el concepto de Internet de las BioNanoCosas (IoBNT), como lo hemos analizado, promete un potencial revolucionario en el diagnóstico molecular de virus emergentes y enfermedades infecciosas. Estos avances no solo son cruciales para el diagnóstico y monitoreo, sino que también pueden contribuir a soluciones terapéuticas, como la utilización de bacterias genéticamente modificadas para atrapar virus, y permiten un monitoreo más amplio y eficaz a través de diferentes tejidos y sistemas, ofreciendo una visión integral y una mayor eficiencia en el abordaje de enfermedades infecciosas.

Mientras la humanidad enfrenta retos sanitarios sin precedentes, las innovaciones en nanosensores y biosensores surgen como héroes silenciosos, mostrando un camino prometedor hacia un futuro más seguro. Estamos en la cúspide de un renacimiento tecnológico que tiene el potencial de transformar radicalmente nuestra respuesta a las amenazas biológicas. A medida que avanzamos en este viaje, el siguiente tema te llevará más profundo en el corazón de estas soluciones revolucionarias. Prepárate para descubrir cómo la ciencia y la tecnología se fusionan para protegernos de las invisibles amenazas que acechan en nuestro mundo.

10.7. El Futuro de las Redes Inalámbricas en la Salud:

Intersección de la BioNanoTecnología y la Inteligencia Artificial.

En el núcleo de las redes de IoBNT (Internet of BioNanoThings), encontramos que los diversos sistemas exhiben una asombrosa variación en sus características. Esto nos plantea el reto de requerir enfoques analíticos multifacéticos. Por ilustrar un ejemplo, nos adentramos en los sistemas cardiovasculares, donde la velocidad de transmisión molecular está influenciada por factores tales como la velocidad del flujo sanguíneo y la frecuencia cardíaca, aspectos que pueden variar considerablemente entre los individuos. Por otro lado, en el enigmático sistema nervioso, el lapso necesario para propagar estímulos electroquímicos portadores de información a través de las neuronas está condicionado por la conectividad de las sinapsis.

Para proporcionar estimaciones precisas sobre la velocidad de error y la capacidad, el modelo MC (Monte Carlo) basado en difusión suele ser la herramienta de elección. Este modelo, ampliamente utilizado en ciencias e ingeniería, requiere diversos parámetros del canal para formular el cálculo que simula la propagación y difusión de partículas, moléculas o cualquier otro fenómeno a través de un medio o sistema. Este enfoque de modelado genérico proporciona intuiciones iniciales sobre el comportamiento de la transmisión de señales moleculares, pero aún deja un espacio considerable para la refinación y optimización.

Es aquí donde los avances recientes en el aprendizaje estadístico, basados en la potente herramienta de la inteligencia artificial, están demostrando ser soluciones cada vez más eficaces para modelar procesos de intercambio de información molecular de una sofisticación cada vez mayor. Por ejemplo, la implementación de algoritmos de detección de señales basados en redes neuronales ha demostrado un excelente rendimiento sin requerir conocimiento previo del canal molecular. Este hito técnico respalda el uso de la inferencia estadística para caracterizar los canales de comunicación molecular de una manera más efectiva y precisa.

Y no solo eso, la evolución de la tecnología nos trae propuestas audaces y brillantes. Entre ellas, encontramos diseños nanoreceptores basados en redes neuronales, los cuales han demostrado un rendimiento significativo en la velocidad de error de bits, incluso bajo el efecto de interferencia intersimbólica. Esto abre nuevas vías para la mejora de la transmisión de información a nivel molecular, aportando posibilidades inauditas para la evolución de las redes inalámbricas y, en consecuencia, para el progreso de la atención sanitaria en la era digital.

Por todo lo expuesto inevitablemente el futuro de las redes inalámbricas en la atención médica se perfila como un campo de investigación fascinante y prometedor, donde la intersección de la BioNanoTecnología y la Inteligencia Artificial está abriendo nuevas posibilidades para comprender y optimizar los sistemas biológicos a nivel molecular. A medida que exploramos cómo la velocidad de transmisión molecular varía en sistemas como el cardiovascular y el nervioso, los enfoques analíticos multifacéticos y los modelos MC proporcionan una base sólida. Sin embargo, la verdadera innovación radica en el uso de la inteligencia artificial para refinar y optimizar estos modelos. Como hemos analizado, la implementación de algoritmos basados en redes neuronales está demostrando ser particularmente efectiva, lo que abre la puerta a mejoras significativas en la comunicación a nivel molecular y, en última instancia, en la atención médica en la era digital. A medida que avanzamos en esta importante intersección de tecnologías, sin duda seguiremos descubriendo soluciones audaces y brillantes para futuras aplicaciones en las redes inalámbricas de la salud.

10.8. Impulsando el Progreso en IoBNT:

Un Enfoque en la Validación Experimental y la Administración de Datos.

El IoBNT (Internet of Bio-Nano Things), en su estado actual, está centrado principalmente en investigaciones que se adentran en los dominios del modelado de canales de la capa física, el análisis de capacidad, los esquemas de modulación y codificación, así como en el diseño de nanotransceptores. Sin embargo, existen algunas brechas de investigación que deben ser abordadas para poder alcanzar el pleno potencial de esta tecnología revolucionaria.

En primer lugar, destaca el reto de la Validación Experimental. Los modelos teóricos que sustentan las comunicaciones moleculares necesitan validarse bajo condiciones de canales realistas que incorporen pruebas experimentales rigurosas. Normalmente, la ejecución de estas pruebas implica una serie de requisitos exigentes tanto en términos de equipamiento de laboratorio como en lo que respecta al proceso de cultivo de células y bacterias. La rigurosa adherencia a los procedimientos experimentales, sumada al coste a veces considerable de estas pruebas, ha llevado a la búsqueda de alternativas viables.

En este sentido, simulaciones basadas en suposiciones realistas se han posicionado como un recurso alternativo de gran valor, frecuentemente adoptado en la investigación. Es imperativo destacar que la convergencia entre los enfoques analíticos y experimentales no debe ser vista como un desafío aislado, sino como un esfuerzo conjunto que involucra a investigadores de diferentes campos, incluyendo telecomunicaciones, ingeniería biomédica y procesamiento de señales.

Además de la validación experimental, otro desafío crucial radica en el Almacenamiento y Administración de Datos. Los experimentos y simulaciones en el ámbito del IoBNT generan grandes volúmenes de datos que incluyen un número extenso de variables de control. Este escenario plantea la necesidad de gestiones cuidadosas y actualizaciones regulares para garantizar la integridad y utilidad de los datos.

En este contexto, las bases de datos abiertas han surgido como una tendencia popular para compartir datos en bruto. Esta práctica no solo beneficia a la comunidad de investigación cooperativa, sino que también puede preverse como una dirección futura para la investigación en el IoBNT. Con la proliferación de estas bases de datos, se puede esperar un incremento en la cooperación y colaboración entre investigadores, lo cual facilitará el avance del conocimiento en este fascinante y propicio campo de estudio.

No cabe duda de que el Internet de las BioNanoCosas (IoBNT) presenta un emocionante potencial para las comunicaciones moleculares, pero enfrenta desafíos significativos en términos de validación experimental y gestión de datos. La validación experimental es esencial para garantizar que los modelos teóricos sean aplicables en condiciones del mundo real, pero puede ser costosa y compleja. Aquí, la convergencia entre enfoques analíticos y experimentales se presenta como fundamental para el progreso. Además, la administración de datos es crucial, ya que los experimentos y simulaciones generan grandes volúmenes de datos. La tendencia hacia bases de datos abiertas se vislumbra como una solución prometedora para compartir datos en bruto y fomentar la colaboración entre investigadores. Superar estos desafíos será fundamental para desbloquear todo el potencial de esta tecnología revolucionaria.

Mientras vislumbramos la complejidad del IoBNT, las dificultades que enfrentamos son una llamada a la acción para los investigadores y visionarios. Cada obstáculo superado, cada experimento validado y cada dato gestionado correctamente nos acerca un paso más a una revolución inimaginable en las comunicaciones moleculares. Te invito a continuar este vuelo por la tecnología del futuro, para descubrir cómo, juntos, podemos transformar las promesas de hoy en las realidades del mañana.

10.9. Explorando las fronteras de la tecnología:

IoBNT y la revolución cuántica.

A medida que avanzamos en nuestra exploración de las redes emergentes y sobrepasamos las fronteras de la tecnología 6G, anticipamos la adopción de una visión más amplia y una diversidad aún mayor de interfaces para los transceptores. Esto, a su vez, implicará un mayor grado de complejidad en las señales procesadas y requisitos más rigurosos en términos de fiabilidad. Como consecuencia, también se espera un incremento significativo en las demandas computacionales de los sistemas inalámbricos. En este escenario, la computación cuántica ha sido reconocida de manera unánime como una tecnología crítica para materializar estos sistemas de gran complejidad computacional.

Los sistemas cuánticos son especialmente valiosos para resolver problemas de optimización de gran envergadura. Por ejemplo, al enfrentarnos a un problema de enrutamiento óptimo con múltiples direcciones, los métodos convencionales, como el algoritmo de enrutamiento geográfico, pueden presentar una complejidad significativa para generar soluciones óptimas. En estos casos, las soluciones menos complejas a menudo suponen el sacrificio de una mayor perfección. Se ha demostrado que el empleo de la computación cuántica en estos problemas puede reducir la complejidad de forma eficiente mientras se consigue la solución ideal deseada.

Sin embargo, estas tareas computacionalmente intensivas suelen requerir cientos de miles o incluso millones de bits cuánticos interconectados, y por lo tanto, no pueden ser llevadas a cabo en un solo chip cuántico. La necesidad de interconectar varios chips cuánticos ha dado lugar al concepto de comunicaciones cuánticas. Por ende, las comunicaciones cuánticas se han convertido en un componente imprescindible para operar sistemas cuánticos a gran escala.

De manera más específica, las comunicaciones cuánticas se definen como el intercambio de información que se adhiere a las leyes de la mecánica cuántica y ofrecen varias ventajas fundamentales, como son, (i) una capacidad de cálculo paralelo a gran escala, (ii) la posibilidad de transferir datos inmunes a manipulaciones, y (iii) la capacidad de codificar y transmitir un gran número de flujos de datos múltiples simultáneamente.

Para entender más a fondo las comunicaciones cuánticas, se puede explorar algunas de las reglas que rigen su funcionamiento, tomando en cuenta aspectos como: el bit cuántico, el registro cuántico, la aceleración exponencial, la conversión Q/C (Quantum/Classical), entre otros.

Dentro del contexto más explícito de las comunicaciones convencionales, un valor binario de 0 o 1 por bit se utiliza para representar datos. Por otro lado, en las comunicaciones cuánticas, el bit cuántico, o qubit, contiene la superposición de ambos valores lógicos al mismo tiempo, de la forma:

$$|\Phi\rangle = a_0|0\rangle + a_1|1\rangle \qquad (1)$$

Donde $|\Phi\rangle$ representa un vector bidimensional, con los coeficientes a_0 y a_1 siendo números complejos, y 0 y 1 siendo los dos valores lógicos.

Además, también hay que mencionar el entrelazamiento cuántico, un fenómeno en el que los estados cuánticos de dos o más partículas se describen con referencia entre sí, independientemente de la distancia física que las separa. Este fenómeno juega un papel importante en el funcionamiento de los sistemas cuánticos, pero también introduce nuevas limitaciones, como el ruido en los canales cuánticos.

Continuando con la discusión de los canales cuánticos, es crucial entender que la teoría de la información convencional no se aplica a este tipo de canal. A diferencia de los canales de comunicación inalámbrica convencionales donde los parámetros de gran y pequeña escala son deterministas o pueden caracterizarse estocásticamente, la capacidad de los canales cuánticos que transportan qubits se define como la velocidad a la cual la información convencional o cuántica aumenta con cada uso del canal cuántico.

De manera que está absolutamente claro y no es menos importante, la necesidad de tener en cuenta los fundamentos de los diferentes tipos de canales cuánticos, las formas de enrutamiento de datos y los problemas existentes dentro del dominio de las comunicaciones cuánticas.

Cabe concluir que a medida que avanzamos hacia la tecnología 6G y exploramos las fronteras de la comunicación inalámbrica, se hace evidente que la computación cuántica desempeñará un papel fundamental. Donde la capacidad de la computación cuántica para abordar problemas de optimización a gran escala es esencial en un entorno de comunicaciones cada vez más complejo y exigente.

Además, las comunicaciones cuánticas, que aprovechan las propiedades físicas de la mecánica cuántica, son esenciales para operar sistemas cuánticos a gran escala, ofreciendo ventajas como la capacidad de cálculo paralelo y la transferencia de datos inmune a manipulaciones. Por lo que a medida que avanzamos en esta revolución cuántica, es crucial comprender los conceptos clave, como los qubits, el entrelazamiento cuántico y los canales cuánticos, para abordar eficazmente los obstáculos y aprovechar las oportunidades que presenta este importante campo de investigación.

Las puertas de la revolución cuántica están abiertas y cada qubit, entrelazamiento y canal cuántico nos lleva más allá de lo que antes considerábamos posible. Así, mientras te adentras en los entresijos de esta nueva era, prepárate para continuar con esta expedición donde la física, la tecnología y la imaginación convergen. La siguiente página te espera, ¿estás listo para traspasar los límites?

10.10. Abordando la Despolarización y el Desfase:

Canales Cruciales en las Comunicaciones Cuánticas.

Entrando más profundamente en el fascinante universo de las comunicaciones cuánticas, dos elementos críticos necesitan ser considerados, por un lado, el canal de desfase y por otro lado, el canal de despolarización. Estos dos canales representan los principales tipos de errores que pueden ocurrir en las comunicaciones cuánticas, y entenderlos es esencial para desarrollar sistemas más robustos y eficientes.

El Canal de Desfase, también conocido como canal de amortiguación de fase o canal de inversión de fase, juega un papel crucial en las comunicaciones cuánticas. Este canal, en esencia, aplica una inversión de bits en la base conjugada. Para visualizar el impacto que este canal tiene, se puede conceptualizar su efecto como el equivalente a medir el qubit en la base de cómputo y luego olvidar el resultado de la medición. Este fenómeno, aunque parece desalentador, es fundamental en el dominio cuántico y abre una amplia gama de posibilidades para la optimización y la corrección de errores.

Por otra parte, encontramos el Canal de Despolarización. Este se considera a menudo como el "peor de los casos", pues describe la posibilidad de que un qubit pueda permanecer sin cambios con una probabilidad 1-p, donde p se encuentra dentro del intervalo [0, 1], o que un error pueda producirse con una probabilidad p.

En este caso particular de incertidumbre, el error podría manifestarse de tres formas distintas, cada una de ellas igualmente probable, se trata, del error de inversión de bit, y del error de inversión de fase o ambos. En el caso de un error, se asume que el canal reemplaza el qubit perdido con un estado completamente mezclado, es decir, un estado en el que todos los posibles estados se vuelven igualmente probables. Ejemplificando con la ecuación 1, esto implicaría que a_0 es igual a a_1.

Conviene precisar entonces que ambos tipos de canales, el de desfase y el de despolarización, son factores críticos que pueden afectar la integridad de los datos transmitidos en un sistema cuántico. El dominio de estos canales es fundamental para poder diseñar y desarrollar sistemas de comunicación 6G más fiables y eficientes. Sin duda, este es un campo apasionante y lleno de situaciones estimulantes, que prometen revolucionar nuestra comprensión de las comunicaciones y la forma en que las redes inalámbricas funcionarán en el futuro.

Concluyamos entonces que en el emocionante mundo de las comunicaciones cuánticas, el canal de desfase y el canal de despolarización emergen como dos elementos cruciales que deben ser comprendidos y abordados para desarrollar sistemas de comunicación cuántica más fiables y eficientes. De acuerdo a las descripciones anteriores, estos canales representan los principales tipos de errores que pueden afectar la integridad de los datos transmitidos en sistemas cuánticos, y su estudio abre una amplia gama de posibilidades para la optimización y corrección de errores en este innovador campo. A medida que avanzamos hacia la tecnología 6G, la comprensión de estos canales desafiantes se vuelve esencial para revolucionar la forma en que las redes inalámbricas funcionarán en el futuro, prometiendo una mayor fiabilidad y eficiencia en las comunicaciones cuánticas.

En este intrincado tejido de las comunicaciones cuánticas, la despolarización y el desfase son hilos que tejen el futuro de la conectividad. Como caminantes en este paisaje cuántico no recorrido, el reto no solo radica en entender estos fenómenos, sino en dominarlos. Ahora, con estos conceptos en mano, nos encontramos al borde de una revelación. Continúa avanzando y descubre lo que el futuro nos depara.

10.11. Navegando por las Redes Cuánticas:

Componentes, Dificultades y Oportunidades.

La necesidad de las redes cuánticas representa un hito trascendental en el campo de la computación cuántica distribuida. Su éxito depende intrínsecamente de la capacidad de compartir estados cuánticos entre distintos dispositivos cuánticos. Sin embargo, no podemos olvidar que, a diferencia de las redes convencionales, que se fundamentan en el paradigma de almacenar y reenviar, las redes cuánticas están sujetas al teorema de no clonación, que prohíbe la duplicación de un estado cuántico arbitrario.

Para sortear esta restricción, las redes cuánticas se apoyan en el concepto de entrelazamiento cuántico, complementado por la teleportación cuántica. Este intrigante proceso de teleportación cuántica se vale del entrelazamiento para transmitir estados cuánticos desconocidos entre dispositivos cuánticos remotos, todo esto a través de la distribución de entrelazamiento remoto.

El diseño de estas redes cuánticas no sería posible sin ciertos componentes claves. Entre estos encontramos, (i) Los Nodos Cuánticos, se trata de dispositivos cuánticos interconectados, constituyendo puntos cruciales de la red cuántica. (ii) Los Enlaces de Comunicación, que incluyen tanto enlaces convencionales como cuánticos, estableciendo la interconexión entre los nodos cuánticos. (iii) El Generador de Entrelazamiento, que se refiere a un dispositivo que tiene la responsabilidad de generar los pares entrelazados que se distribuyen entre los nodos cuánticos. (iv) Las Memorias Cuánticas, su propósito principal es almacenar estados cuánticos para la comunicación. (v) Los Dispositivos de Medición Cuántica, cuyo papel es evaluar los estados entrelazados generados.

Estos componentes desempeñan un papel vital en las redes cuánticas, sin embargo, la teleportación cuántica se ve afectada por la disminución exponencial de la velocidad de comunicación con la distancia. Este obstáculo puede ser mitigado mediante el uso de repetidores cuánticos.

El problema de enrutamiento, implica la elección de la ruta óptima desde la fuente hasta el destino, atravesando uno o más repetidores cuánticos, resultando en una distribución de entrelazamiento de alta calidad. Este marco de enrutamiento también debe considerar que los mecanismos físicos subyacentes al entrelazamiento cuántico son estocásticos y que la pérdida de entrelazamiento puede producirse a medida que pasa el tiempo.

Todos estos factores presentan complicaciones significativas en las redes cuánticas actuales. La investigación continua en esta área promete enfrentar estos desafíos, avanzando hacia un futuro de comunicaciones más rápidas y seguras en el mundo cuántico y, en última instancia, en la emergente tecnología 6G.

En definitiva, las redes cuánticas representan un avance trascendental en la computación cuántica distribuida, pero enfrentan desafíos fundamentales debido al teorema de no clonación y la disminución exponencial de la velocidad de comunicación con la distancia en la teleportación cuántica. Cabe destacar que estas redes dependen del entrelazamiento cuántico y componentes clave como nodos cuánticos, enlaces de comunicación y repetidores cuánticos. Donde el enrutamiento óptimo y la pérdida de entrelazamiento son cuestiones críticas. A pesar de estas complejidades, la investigación continua promete superar estos obstáculos y allanar el camino hacia comunicaciones más rápidas y seguras en el ámbito cuántico, lo que tiene implicaciones determinantes para la tecnología 6G.

Mientras exploramos más profundamente el laberinto de las redes cuánticas, es claro que cada componente y cada dificultad se convierten en piezas de un rompecabezas en constante evolución. ¿Estamos listos para ir más allá y trascender estas barreras? La próxima página no es solo un tema más, sino un salto hacia las claves esenciales que determinarán el éxito de nuestras futuras redes cuánticas. La aventura cuántica continúa.

10.12. Trascendiendo Barreras:

Claves para el Desarrollo Exitoso de Redes Cuánticas.

La transición de los dominios convencionales a los cuánticos plantea una serie de complicaciones en el área de investigación que son vitales para el éxito de las redes cuánticas. La superación de estas limitaciones, proporcionará una visión clara de los obstáculos que aún deben superarse en este fascinante campo.

Uno de estos retos radica en la Corrección de Errores Cuánticos. A diferencia de los códigos de corrección de errores convencionales que asumen la libre duplicación de datos, el teorema de no clonación prohíbe la duplicación arbitraria de los estados cuánticos. Además, las técnicas de corrección de errores cuánticos necesitan ser capaces de detectar simultáneamente los errores de inversión de bits y de fase, lo que supone un desafío adicional en comparación con las técnicas estándar que sólo toman en cuenta las inversiones de bits. Otro obstáculo importante es la posibilidad de colapso de la función de onda debido a las mediciones en los qubits realizadas como parte del procedimiento de corrección de errores.

Además, la Distribución de Entrelazamiento a larga distancia es una dificultad presente en las redes cuánticas, afectando a las capas físicas, de enlace y de red. En la capa física, se requieren técnicas de corrección de errores cuánticos, mientras que el teorema de no clonación exige un rediseño de la capa de enlace. Por su parte, en la capa de red se necesitan innovadoras técnicas de enrutamiento cuántico para garantizar una selección de ruta óptima.

Los Desafíos del Despliegue también juegan un papel crucial en el desarrollo de redes cuánticas. Los dispositivos de computación cuántica requieren centros de datos altamente especializados, equipados con sistemas de ultra alto vacío y criostatos de temperatura ultra baja. La teleportación cuántica, aunque propuesta como una forma de implementar redes cuánticas, implica la integración de recursos de comunicación convencionales y cuánticos, lo que representa un problema complejo por sí mismo.

A pesar de estos desafíos, el campo de las redes cuánticas continúa desarrollándose a un ritmo acelerado. A medida que avanza la investigación y se plantean soluciones más sofisticadas, se va delineando el camino hacia una implementación exitosa de estas redes, abriendo las puertas a la era de las comunicaciones cuánticas en la tecnología 6G.

De manera que, el desarrollo exitoso de redes cuánticas implica abordar complicaciones fundamentales, como la corrección de errores cuánticos y la distribución de entrelazamiento a larga distancia. Además, los desafíos de despliegue relacionados con la infraestructura especializada y la integración de recursos de comunicación convencionales y cuánticos son cruciales. A pesar de estas barreras, la investigación continua y las soluciones más avanzadas están allanando el camino para una implementación exitosa de estas redes, lo que promete llevarnos a la era de las comunicaciones cuánticas en la tecnología 6G. Con un crecimiento constante en el campo de las redes cuánticas, este apasionante camino de innovación invita a explorar aún más a fondo las posibilidades y los desafíos que definirán el futuro de las comunicaciones cuánticas.

El panorama de las redes cuánticas, tal como lo hemos abordado, revela un mundo de intrincados detalles y un amplio abanico de posibilidades. Desde los primeros fundamentos de la teoría cuántica hasta las aplicaciones prácticas en redes cuánticas, hemos viajado por un paisaje lleno de desafíos y oportunidades. No es solo una revolución en la forma en que entendemos y manipulamos la información, sino una ventana al futuro de las comunicaciones.

Así, al reflexionar sobre lo discutido, uno no puede dejar de asombrarse ante la magnitud de lo que el futuro puede tener reservado. Los desafíos asociados con las redes cuánticas, desde el teorema de no clonación hasta las técnicas de corrección de errores cuánticos, pueden parecer desalentadores. Sin embargo, la humanidad ha demostrado una y otra vez que tiene la capacidad de superar desafíos tecnológicos y avanzar hacia nuevos horizontes. Es esta perseverancia y esta capacidad de superar adversidades lo que seguramente nos llevará a la próxima era de la comunicación, marcada por la computación y comunicación cuántica.

En este recorrido, hemos tocado la punta del iceberg. Las aplicaciones prácticas de las redes cuánticas y su impacto en la vida cotidiana, en sectores como la salud, la defensa, la economía y más, aún están por ser completamente comprendidas y aprovechadas. Las redes cuánticas, al igual que cualquier tecnología emergente, requieren un enfoque multidisciplinario que combine la física, la ingeniería, la matemática y la ética, para asegurar que su despliegue sea beneficioso para toda la humanidad.

En este punto, no se marca un final, sino un nuevo comienzo. Con la mirada puesta en el horizonte de la tecnología 6G, nos encontramos al borde de un nuevo amanecer en las comunicaciones. Las redes cuánticas son solo una pieza del intrincado rompecabezas que es la infraestructura de comunicaciones del futuro. A medida que avanzamos, nos inspira la promesa de un mañana más conectado, más rápido y más seguro. Estamos al inicio de una nueva era, y el viaje, aunque repleto de desafíos, promete ser emocionante. Acompáñennos mientras continuamos explorando y descifrando el futuro de las comunicaciones.

A medida que cerramos este capítulo, es evidente que la odisea cuántica se despliega ante nosotros con retos inmensos y oportunidades sin precedentes. Y mientras nos hemos introducido en las profundidades de las redes cuánticas, nos espera la promesa de una transformación más grande: la transición de 5G a 6G. Prepárese para embarcarse en el cierre de este viaje, donde progreso, perspectivas y desafíos convergen en una sinfonía de innovación tecnológica. El gran desenlace se avecina.

Capítulo 11

La Transformación de 5G a 6G:

Progreso, Perspectivas y Desafíos.

Las tendencias en las demandas sociales han esbozado una transición de 5G a 6G, anticipando una gama de aplicaciones emergentes aptas para la tecnología 6G. A medida que avanzamos en este camino, los Indicadores Clave de Desempeño (KPIs) asociados con el 6G y las tecnologías subyacentes que serán esenciales para alcanzar estos indicadores se han convertido en temas de debate. Sin embargo, aún persisten desafíos ligados a estas tecnologías que deben ser abordados:

Las comunicaciones en la banda de los THz: Afectado por el KPI de la capacidad del sistema, enfrenta retos como la fabricación de arreglos de antenas, algoritmos de control para transceptores, y diseño de protocolos de enrutamiento y coordinación.

Los entornos de comunicaciones inteligentes: Impactados por los KPIs de capacidad y latencia del sistema, emergen dificultades relacionadas con el equilibrio entre dimensiones y consumo energético, compatibilidad, estandarización, y optimización con Inteligencia Artificial.

En la Inteligencia artificial omnipresente: A pesar de que los KPIs de capacidad, latencia y administración del sistema son cruciales, existen desafíos en algoritmos generalizados, técnicas de medición precisas y calidad de datos.

Para la automatización de redes: La latencia y administración del sistema son fundamentales, pero se encuentran obstáculos en definiciones precisas, deducciones en tiempo real y telemetría eficiente.

Dentro de las interfaces reconfigurables en transceptores: Con la capacidad del sistema como KPI central, se deben considerar retos en diseños novedosos, circuitos reprogramables y técnicas de integración.

En cuanto a las comunicaciones con energía ambiental: Aunque el KPI principal es la capacidad del sistema, la eficiencia espectral y el diseño de protocolos representan desafíos.

En el campo del Internet de las Cosas Espaciales: Con los KPIs centrados en capacidad y administración del sistema, se destaca la necesidad de mejorar técnicas de enrutamiento y conmutación.

El MIMO masivo sin celdas: Afectado por la capacidad del sistema como KPI, se busca optimizar la asignación de recursos y ubicación de puntos de acceso.

Para el Internet de las NanoCosas y BioNanoCosas: Aunque ambos se centran en la capacidad del sistema como KPI, enfrentan retos en eficiencia energética, control de interferencias y validación de datos.

Las comunicaciones cuánticas: Impactadas por los KPIs de capacidad, latencia y administración, se destacan desafíos en corrección de errores cuánticos, distribución de entrelazamiento e implementaciones a gran escala.

Este panorama destaca la intersección entre la promesa del 6G y los desafíos tecnológicos existentes que, una vez superados, llevarán la comunicación al siguiente nivel.

En esta etapa de transición, es vital reconocer, que la creciente madurez tecnológica y los despliegues globales de los sistemas 5G han sentado las bases para una discusión profunda sobre el futuro de las comunicaciones inalámbricas. A pesar de que los estándares del Proyecto de Asociación de Tercera Generación (3GPP) en los próximos años se centrarán principalmente en 5G, la Unión Internacional de Telecomunicaciones (UIT) ha convocado recientemente al Grupo de Enfoque en Tecnologías para la Red 2030 (FG NET-2030 - Focus Group on Technologies for Network 2030) para explorar las posibilidades de las redes para el año 2030 y para el futuro.

De hecho, cada una de las tecnologías clave ha experimentado un progreso impresionante en términos de investigación y desarrollo, creando un sólido andamiaje para la próxima generación de comunicaciones inalámbricas. Se prevé que tanto la Fundación Nacional de Ciencias (NSF - National Science Foundation) a través de su iniciativa Platforms for Advanced Wireless Research (PAWR) como la Comisión Europea desempeñarán roles vitales en la catalización del desarrollo de la tecnología 6G.

Al mismo tiempo, es digno de mención que, con el amplio apoyo académico, se prevé un incremento significativo en la participación de la industria en el desarrollo de estas tecnologías en los próximos años. Este compromiso de la industria se manifestará en importantes innovaciones de diseño y desarrollo de hardware y software tecnológico, seguido por la creación de bancos de pruebas a gran escala para las tecnologías 6G en el futuro. Es razonable esperar que estos bancos de pruebas sirvan como el escenario ideal para exhibir el potencial de la 6G y demostrar su idoneidad para casos de uso como la teleportación holográfica multisensorial, la atención médica remota en tiempo real, la automatización industrial y de infraestructura y los entornos inteligentes, por solo mencionar algunos.

Como resultado, el panorama tecnológico se está transformando y evolucionando a un ritmo sin precedentes, presentando una multitud de nuevas oportunidades y desafíos. Cada uno de estos aspectos, desde las comunicaciones en terahertz hasta los entornos inteligentes, la inteligencia artificial y las nanoredes, tiene el potencial de remodelar radicalmente no solo nuestras redes de comunicación, sino también nuestra vida cotidiana.

Mientras navegamos por estos tiempos emocionantes y transformadores, es importante que estemos preparados para enfrentar los desafíos con ingenio y resiliencia. El camino hacia la implementación de la 6G no estará exento de obstáculos. Problemas como la seguridad, la privacidad, la eficiencia energética, la interoperabilidad y la estandarización, por nombrar solo algunos, necesitarán ser abordados con soluciones innovadoras y eficientes.

El tránsito hacia la era 6G y el futuro de las comunicaciones se sustenta en la conjunción armoniosa de múltiples tecnologías emergentes, que cooperan y se entrelazan para ofrecer una experiencia inalámbrica de próxima generación sin parangón. Estas tecnologías no sólo serán fuerzas disruptivas en el ámbito de las telecomunicaciones, sino que también ostentan el potencial de reconfigurar completamente la forma en que interactuamos con nuestro entorno e incluso con nuestro ser. En el curso de los próximos años, estas tecnologías tendrán implicaciones profundas y amplias en diversos sectores, como la atención médica, la educación, la industria y los servicios públicos, desencadenando una transformación de enormes proporciones cuya magnitud no debe ser subestimada. En esencia, la transición de 5G a 6G marcará un hito histórico en la evolución de nuestras redes de comunicación inalámbrica.

A medida que cerramos este capítulo y, de hecho, este libro, estamos a la vanguardia de un despertar tecnológico. Las ondas de cambio están surgiendo y prometen llevarnos a destinos desconocidos, más allá de lo que podemos imaginar. No obstante, este no es el final de nuestra exploración, sino más bien un punto de partida. Te invito a seguir inmerso en el mágico mundo de la ciencia y la tecnología, manteniendo los ojos y la mente abiertos a futuras publicaciones que continuarán revelando los últimos paradigmas, investigaciones y avances.

Observando en el horizonte el abismo de estos avances tecnológicos, el propósito primordial de este trabajo ha sido iluminar el camino y catalizar la curiosidad intrínseca del público general, aquellos que ansían descubrir y comprender el futuro de las comunicaciones inalámbricas en su travesía hacia el 6G. En esta era de descubrimientos sin precedentes, nos posicionamos en el umbral de posibilidades ilimitadas. El futuro de las telecomunicaciones no solo promete ser revolucionario, sino que también aboga por una era de inclusión y maravilla que supera nuestras más audaces visiones. Con cada página que has recorrido en este libro, espero que te sientas inspirado y listo para ser parte activa de esta nueva alborada tecnológica. El futuro es un libro en constante escritura, y juntos, somos sus ávidos lectores y coautores. Que tu curiosidad nunca cese. Hasta la próxima aventura tecnológica.

Conclusión

Nos hallamos, indudablemente, en el umbral de una revolución monumental en el campo de las comunicaciones, una revolución alimentada por la evolución incesante de nuestras redes de comunicación. El advenimiento de conceptos innovadores como la retrodispersión en el Internet de las Cosas (IoT - Internet of Things) y el Internet de las Cosas Espaciales (IoST - Internet of Space Things) nos sumerge en el alba de una nueva era.

Los CubeSats, con su versatilidad y costos minimizados, se erigen como líderes en esta expansión pionera. Su aporte desafía los confines de la eficiencia espectral y energética, y simultáneamente, abre una amplia gama de oportunidades para la invención de protocolos. De manera más tangible, el IoST, evidencia de una conectividad verdaderamente global, eficiente y escalable, envía un mensaje claro: estamos a un paso de experimentar una realidad nueva de interconexión a escala mundial.

En un espectro más amplio, el diseño de un Subsistema de Comunicaciones Multibanda, sumado a la implementación del IoST, configura un salto cuántico con la promesa de redefinir por completo el panorama de las comunicaciones globales. Este cambio trasciende la mera solución a los desafíos de capacidad y congestión de las redes satelitales convencionales. La adopción de tecnologías innovadoras en la creación de transceptores y sistemas de antenas, el ensamblaje de megaconstelaciones de satélites y la gestión de estas vastas redes a través de técnicas de virtualización y redes definidas por software (SDN - Software Defined Networking), están estableciendo nuevos estándares para una cobertura global superior y una gestión de red más eficiente.

Paralelamente, las comunicaciones MIMO masivas sin celdas se consolidan como un avance significativo en el ámbito de las telecomunicaciones. Esta tecnología presenta un potencial sólido para optimizar tanto el rendimiento como la estabilidad de las redes inalámbricas, mitigando la interferencia intercelda.

A pesar de desafíos persistentes, como el aliasing, considerado un efecto indeseable que ocurre cuando una señal se muestrea a una tasa inferior a la requerida por el Teorema de Nyquist, y la necesidad de modelos de canales alternativos, estas comunicaciones sin celdas evidencian su habilidad para superar a las arquitecturas de celdas pequeñas existentes en la red 5G.

A la luz de esta transformación inminente, el panorama de las comunicaciones inalámbricas se está rediseñando radicalmente. Así como nos empeñamos en encontrar soluciones a los desafíos pendientes en las comunicaciones MIMO masivas sin celdas, también estamos dirigiendo nuestra atención hacia tecnologías emergentes como el Internet de las Nano Cosas (IoNT - Internet of Nano Things). Estas tecnologías, aunque aún en sus primeras etapas de diseño y desarrollo, podrían inducir un cambio de paradigma en un futuro cercano.

Por otro lado, la evolución constante del IoNT y del Internet de las Bio-Nano Cosas (IoBNT - Internet of Bio-Nano Things) está impulsando una transformación en los campos de la tecnología y la atención médica. Esto está inaugurando un nuevo mundo de posibilidades en nuestra interacción con el mundo a escala nano. Sin embargo, se requiere un esfuerzo de investigación y desarrollo para superar los desafíos inherentes en términos de eficiencia energética, control de interferencias y protocolos de red.

El IoBNT, en particular, tiene el potencial de alterar nuestra percepción y manejo de la salud pública, así como el diagnóstico y tratamiento de enfermedades. Para maximizar las oportunidades que ofrece el IoBNT, es imperativo promover la cooperación interdisciplinaria entre las telecomunicaciones, la ingeniería biomédica y el procesamiento de señales. En este sentido, el IoBNT podría abrir el camino hacia una nueva era de innovación tecnológica en la intersección de la biología, la nanotecnología y la informática. A pesar de los desafíos como la corrección de errores cuánticos y la distribución del entrelazamiento, las promesas de procesamiento paralelo a gran escala, transferencia de datos segura y codificación de grandes volúmenes de datos simultáneos están posicionando a las comunicaciones cuánticas como un pilar fundamental para la próxima era de las telecomunicaciones.

Por último, la implementación de la tecnología 6G se está delineando como un avance significativo en las comunicaciones inalámbricas. En los próximos años, se espera un crecimiento en la participación tanto de la academia como de la industria en el desarrollo de estas tecnologías. Se anticipa que los ensayos a gran escala de las tecnologías 6G revelarán su enorme potencial y su idoneidad para casos de uso innovadores. Esta perspectiva del futuro subraya la emoción y la innovación que está a punto de desatarse con la llegada de la tecnología 6G.

Sin duda, el horizonte de las comunicaciones está al borde de una metamorfosis sin precedentes, prometiendo redefinir nuestra relación con el entorno digital. Las innovaciones de hoy, que parecen extraordinarias, serán el estándar del mañana, moldeando nuestra existencia de maneras que aún no podemos imaginar. Estamos en el umbral de una era en la que cada avance tiene el potencial de iluminar un futuro aún más prometedor y conectado. En efecto, el mañana ya se está esbozando ante nosotros. Es una invitación abierta a ser parte activa de esta evolución, a imaginar, aprender y co-crear. Te exhortamos a unirte a este viaje, a ser pionero en esta nueva era y a escribir, junto con nosotros, el próximo capítulo de la historia de las comunicaciones móviles.

Como hemos observado a lo largo de este libro, las fronteras de lo que es posible en el ámbito de las comunicaciones se están expandiendo más allá de lo que alguna vez imaginamos. Los avances que hoy discutimos como futuristas pronto se integrarán en nuestra vida diaria, creando experiencias que enriquecerán nuestra relación con el mundo digital y físico.

Sin embargo, es crucial entender que, si bien hemos cubierto muchos conceptos y tecnologías emergentes en este texto, la innovación en telecomunicaciones no se detiene aquí. Los centros de investigación de renombre mundial ya están trabajando en propuestas aún más avanzadas, explorando paradigmas que prometen ser tan revolucionarios como todo lo que hemos discutido hasta ahora. Las comunicaciones cuánticas, por su parte, representan un aspecto fascinante del futuro de las redes. Esta es una era de exploración y descubrimiento constantes. El mundo de las telecomunicaciones está lleno de misterios por resolver, desafíos por enfrentar y oportunidades por aprovechar.

La revolución tecnológica en la que estamos inmersos no es sólo producto de máquinas y algoritmos, sino de la colaboración humana y el deseo innato de superarnos y conectar de formas previamente inimaginables. Cada página de este libro, cada concepto explorado, es un reflejo de la dedicación y pasión de innumerables profesionales y visionarios que ven más allá de las limitaciones actuales. En este sentido, cada lector, al internalizar y expandir estos conocimientos, se convierte en un eslabón esencial de esta cadena de innovación.

Recordemos que la tecnología, en su esencia, es un instrumento en manos de la humanidad. Las redes 6G y todas las tecnologías emergentes no sólo buscan revolucionar la forma en que transmitimos datos, sino en cómo vivimos, nos relacionamos y enfrentamos los desafíos globales. La responsabilidad compartida radica en garantizar que estos avances se utilicen para el bienestar común, para construir sociedades más equitativas y sostenibles. Es un llamado a cada uno de nosotros a ser éticos, responsables y visionarios en nuestras acciones y decisiones.

La naturaleza dinámica de este campo es lo que lo hace tan emocionante y gratificante para quienes deciden adentrarse en él. Así que, querido lector, este no es el final de nuestra conversación, sino simplemente el inicio. Te animamos a seguir inmerso en este apasionante mundo, a seguir preguntando, aprendiendo y desafiando los límites de lo posible. Mantente atento a nuestras próximas publicaciones, donde continuaremos explorando el horizonte de las telecomunicaciones y sus promesas para el futuro.

En esta travesía, cada paso que damos es una huella en el sendero de lo que está por venir. Con cada pregunta que nos hacemos, cada experimento que realizamos y cada solución que encontramos, estamos abriendo puertas a realidades antes impensadas. Por eso, te invitamos a no ver este libro como un punto final, sino como un trampolín hacia un futuro de posibilidades ilimitadas. Que esta lectura sea el chispazo que encienda tu curiosidad y te impulse a ser coautor en esta grandiosa epopeya de las telecomunicaciones. Con entusiasmo y esperanza, te decimos: Hasta la próxima. El futuro nos espera. ¡Nos vemos en el futuro, donde juntos daremos forma a lo inimaginable!

Agradecimiento.

La concreción de este libro sobre la tecnología 6G ha sido posible gracias a la meticulosa y ardua labor de revisión realizada por la Lic. Mercedes Useche. Quiero expresar mi más sincero y profundo agradecimiento y aprecio por su dedicación y compromiso excepcionales. Su contribución ha sido invaluable y ha enriquecido significativamente la calidad y precisión de esta obra. Con gran estima y reconocimiento, José Malaguera.

Sobre el Autor

José Malaguera

Con una formación académica adquirida en la Universidad Técnica de Berlín Alemania, el Profesor José Malaguera ha consagrado treinta años de su vida a la formación integral de la próxima generación de ingenieros y expertos en telecomunicaciones. Desempeñándose en la Universidad Experimental del Táchira, ha dejado una huella indeleble en el ámbito de las comunicaciones modernas en Venezuela y más allá. Especializado en altas frecuencias, telecomunicaciones y fibra óptica, el Profesor Malaguera se ha erigido como un referente en el campo, fundamental para aquellos que aspiran a forjar el futuro de la tecnología.

Pero más allá de sus credenciales y extensos conocimientos, el Profesor Malaguera es reconocido por su profundo compromiso con la enseñanza y su habilidad para inspirar a generaciones de estudiantes hacia la exploración y la innovación. Siempre con la mirada puesta en cómo la tecnología puede servir a la humanidad, cree firmemente en un futuro donde las comunicaciones actúan como puentes, acercando comunidades y rompiendo barreras.

Fuera del aula y del laboratorio, José encuentra equilibrio y reflexión en la lectura filosófica, el deporte aeróbico y el ciclismo de ruta. Las caminatas en la naturaleza y los momentos compartidos con su familia le recuerdan constantemente la importancia de conectar con el mundo a nuestro alrededor.

Este libro no solo refleja su vasta experiencia docente, sino también su esperanza y visión para un futuro en el que la tecnología y la humanidad coexistan en armonía.

Referencia bibliográfica

[1] Akyildiz I. F., Kak A, Nie S. (2020). *6G and Beyond:* The Future of Wireless Communications Systems. doi: 10.1109/ACCESS.2020.3010896. IEEE Access, Vol. 8. https://ieeexplore.ieee.org/document/9145564